ullstein

ETRIT ASLLANI

WHAT THE FAKE!

Wie du die Wahrheit von Falschmeldungen unterscheidest

Ullstein

Besuchen Sie uns im Internet:
www.ullstein.de

Originalausgabe im Ullstein Taschenbuch
1. Auflage Juli 2023

Layout und Satz: Red Cape Production, Berlin
Grafiken: Red Cape Production, unter Verwendung von Vorlagen des Autors
Gesetzt aus der Sentinel und Sofia Pro
Druck und Bindearbeiten: CPI books GmbH, Leck

ISBN 978-3-548-06812-1

Für unsere kleine Tochter Enola
Willkommen auf der Welt, und mögen
all deine Träume wahr werden.

Und für Ari – vielen Dank für
deine Unterstützung!

Inhaltsverzeichnis

Kapitel 1
Von der Süßspeise zu Fake News – What the Fake?! 9

Kapitel 2
Eine lange Geschichte der Fake News kurz gefasst 29

Kapitel 3
Fake News – mehr als die Summe ihrer Teile 47

Kapitel 4
Lügner erkennen wie bei Pinocchio 77

Kapitel 5
Nur die Spitze des Eisbergs 101

Kapitel 6
Die Psychologie hinter Fake News 131

Kapitel 7
Verschwörungstheorien – Welchen Aluhut tragen wir heute? 147

Kapitel 8
WTF!? Wie du Wahrheit von Falschmeldungen unterscheidest 185

1

VON DER SÜSSSPEISE ZU FAKE NEWS – WHAT THE FAKE?!

Ich hätte nie gedacht, dass ich jemals ein Buch über Falschinformationen schreiben würde. Das liegt vor allem auch daran, dass mir der Umfang, die Gewichtigkeit für die Gesellschaft, die tägliche Relevanz und die Gefahren von Fake News noch gar nicht so lange bewusst sind. Aber hier bin ich: Etrit Asllani, dreißig Jahre alt, von Beruf Product Owner sowie Psychologe und zuständig für die Entwicklung innovativer digitaler Lösungen in einer Großbank.

Das hat zunächst einmal nichts mit Falschinformationen zu tun. Man könnte sagen, Fake News sind seit ein paar Jahren eine Art Hobby für mich. Und das kam so: Anfang 2020 sahen wir uns mit den Folgen der Coronapandemie, mit Lockdowns und Ausgangssperren konfrontiert. Diese halfen nicht nur, das Virus einzudämmen, sie sorgten auch dafür, dass wir mit einem Mal ziemlich viel Zeit hatten. Zeit, in der nicht wenige Menschen neue Dinge ausprobierten.

Der vergebliche Versuch, ein Bananenbrot zu backen, brachte mich zu dem Entschluss, doch lieber die Dinge auszuprobieren, für die ich eine echte Leidenschaft habe – so wie das

Ausprobieren neuer Technologien. Ich wollte mehr über Algorithmen lernen; darüber, wie künstliche Intelligenzen uns im Alltag unterstützen, aber auch unser Verhalten beeinflussen.

Bei meiner Recherche stieß ich auf ein chinesisches Unternehmen, welches bis dato noch gar nicht so bekannt war: Bytedance. Dieser Mutterkonzern hatte eine App ins Leben gerufen, die jetzt, während du dieses Buch liest, zu einer der beliebtesten der Welt zählt. Ganz genau, die Rede ist von TikTok.

Was als Tanz- und Lip-Synch-App begann, in der Menschen sich und ihre Lippen zu gerade angesagten Musikstücken bewegen, entwickelte sich innerhalb kürzester Zeit zu einem vollumfänglichen und erfolgreichen sozialen Netzwerk, das heute für das Teilen selbst gedrehter Videoclips aller Art verwendet wird. Laut Schätzungen liegt die Zahl der monatlich weltweit aktiven Nutzenden bei TikTok im Jahr 2023 bei 834 Millionen[1] Usern, wobei laut Tiktok die 1 Milliarde-Marke schon im September 2021 geknackt wurde.[2] Was mich am meisten faszinierte, war die Technologie hinter TikTok. So wird dir beispielsweise ein Video, basierend auf verschiedenen Kennzahlen empfohlen, die dein Interesse widerspiegeln. Allerdings – und genau das ist wichtig – spielen hier Parameter des menschlichen Verhaltens eine große Rolle. Du kannst eine negative Einstellung zu einem Video haben – es also nicht mögen –, und dennoch werden dir vermehrt ähnliche Videos angezeigt.

Der Grund dafür ist dein Verhalten als User. Denn gerade durch reißerische Botschaften und polarisierende Statements siehst du dir das Video länger an – und bleibst dementsprechend länger auf der Plattform. Die sogenannte *Watchtime* wiegt hier deutlich schwerer als Interaktionswerte wie zum Beispiel das Liken der Beiträge.

So erzeugen Videos mit extremen Inhalten eine höhere Interaktion in den Kommentaren, da User entweder widersprechen oder mitdiskutieren – oder da sie eine der sechs Grundemotionen Wut, Trauer, Freude, Ekel, Erstaunen oder Angst spüren.[3]

Genau diese Interaktion erhöht folglich auch die View-Time eines Videos. Es ist das berühmte Spiel mit der Aufmerksamkeit.

Eine weitere große Rolle bei der Verbreitung von Videos spielen die Objekt- und Spracherkennung der App. Denn die Technologie hinter TikTok identifiziert sowohl die Objekte in einem Video als auch das, was gesagt wird – und so können Videos in Kategorien klassifiziert werden und zum richtigen Zeitpunkt treffsicher präsentiert werden.[4]

Fasziniert und inspiriert von dieser Technologie beschloss ich, selbst Creator zu werden. Im Rahmen meines Dayjobs hatte ich in der Vergangenheit oft Vorträge über die Psychologie hinter verschiedenen Technologien gehalten. Von Denkfehlern über die Wahrnehmung und Verarbeitung von Informationen bis hin zu der großen Frage, wie man von der Kreativität zur Innovation kommt. Durch die Homeoffice-Regelung im Rahmen der Coronapandemie konnten meine Vorträge nun aber kaum bis gar nicht mehr stattfinden.

Mich quälte eine innere Unruhe. Ich wollte in Interaktion treten, meine Faszination teilen und Wissen vermitteln.

Während eines Praktikums in der Psychiatrie zu Beginn meiner Karriere ging es darum, Patientinnen und Patienten zu erklären, was ihre individuellen Krankheiten bedeuten, welche Faktoren förderlich für die Besserung ihres Krankheitsbilds sind und welche eher nicht. Doch mir schienen die dafür vorgesehenen Informationsfolien, die ich als Material für die Psychoedukationen (fest eingeplante Lehrstunden, die Teil der Therapie sind) verwenden sollte, nie sonderlich hilfreich zu sein – gerade weil darauf nichts auf einer einfachen, alltäglichen Ebene erklärt wurde, sondern vielmehr auf Universitätsniveau. Ich selbst kannte diese Modelle noch aus meinem Psychologiestudium. Also entschied ich mich dafür, die Psychoedukation durch eines meiner Lieblingsfelder der Psychologie zu bereichern: die positive Psychologie. Die positive Psychologie beschäftigt sich mit der Frage, was Menschen glücklich macht, was Glück eigentlich bedeutet und wie man durch Verhaltensänderungen positive Effekte erzielt.

Die Patienten hörten meinen Schilderungen aufmerksam zu. Aber nicht nur das: Von Mal zu Mal nahmen mehr Menschen an meinen Psychoedukationen teil. Irgendwann waren es so viele, dass sogar neue Stühle in den Raum gestellt werden mussten. Und ich erfuhr, dass manche ihre Visiten versäumten, nur um dabei sein zu können – was eigentlich nicht so gut war. Aber ich freute mich, weil meine andere Perspektive und das einfache Erklären komplexer Sachverhalte dankbar angenommen wurden. Ein Faktor, der sicherlich auch dazu beitrug, war die humorvolle Gestaltung meiner Vorträge, in denen viel und laut gelacht wurde. Das ging so lange gut, bis einer der Oberärzte in den Raum gestürmt kam und – durchaus gekränkt – rief:

»Warum lacht ihr hier alle? Das ist eine Psychiatrie!«

Das war der Moment, in dem ich merkte, dass ich Leute inspirieren möchte, ja, eventuell ein Talent habe, Begeisterung für bestimmte Themen hervorzurufen.

Eine 85-jährige Patientin kam damals zu mir und sagte:

»Werde bitte schnell fertig mit deinem Studium und der Therapieausbildung, denn ich werde deine erste Patientin sein.«

Diese Aussage rührte mich zu Tränen. Und ein anderer Patient erklärte: »Ich wurde, seit ich ein Jugendlicher war, mit ADHS diagnostiziert. Aber in Ihrer Psychoedukationsreihe konnte ich ohne Probleme von Anfang bis Ende aufmerksam die Inhalte verfolgen. Und nicht nur das: Ich konnte sie sogar wiedergeben!«

Auch dieses Lob berührte mich sehr. Denn es macht in der Tat viel aus, wie man Inhalte vermittelt und diese an die Zuschauerschaft anpasst. An der Universität sprechen Dozierende und Studierende im Fachjargon, bei der Arbeit verwendet man eine Abkürzung nach der anderen, bis eine Art Geheimsprache entsteht.

Wenn ich anderen etwas erkläre und das nicht richtig verstanden wird, muss ich mich als Erstes selbst hinterfragen: Habe ich die Inhalte verständlich und vollumfänglich rübergebracht? Welche Emotion möchte ich vermitteln, welchen Gedanken erzeugen, welches Verhalten suggerieren und welche Werte vermitteln?

Reichweite schafft Verantwortung – und TikTok hat Reichweite. Ich muss jedoch gestehen, dass ich das Potenzial der App zu Beginn noch gar nicht begreifen konnte. Vielmehr lud ich mir die App einfach aus Neugierde, ohne größere Intention, herunter.

Mein erstes hochgeladenes Video zeigt mich, wie ich einen Miniaturthron der Fernsehserie *Game of Thrones* auspacke. Ich wollte damit keine Menschen erreichen, sondern einfach schauen, wie die App funktioniert. Kurz darauf verschwand mein Interesse an der App aber wieder – TikTok schien mir doch eher eine unterhaltsame App für Jugendliche zu sein, um Tänze aufzuführen und Talente zu entdecken.

Als ich die App allerdings nach ein paar Tagen doch noch einmal öffnete, sah ich, dass mein Auspackvideo ganze 10 000 Aufrufe hatte!

Wie war das denn passiert? Ich wollte wissen, was der Grund für die hohen Aufrufzahlen war. Um den Vorgang besser zu verstehen, lud ich ein zweites Video hoch. In dem Clip war die Süßspeise Baklava mit einer Portion Eis zwischen den Teighälften zu sehen – ein populäres Dessert, welches in einem türkischen Kult-Steakhouse kunstvoll serviert wird.

Nun liegt Kunst bekannterweise im Auge des Betrachters. Aber kaum hochgeladen, stieg die Zahl der Aufrufe innerhalb kürzester Zeit von 1000 auf 10 000 und schließlich 900 000 Views.

Ich versuchte, diesen schnellen Anstieg der Aufrufe zu analysieren, und wunderte mich, weshalb mein Video viral ging.

Auch wenn viele Parameter im Hinblick auf die TikTok-Algorithmen nicht offiziell bestätigt sind, schien das Baklava-Video für viele Nutzende relevant zu sein.

Zum einen für User, die sich gerne Food-Videos anschauen, zum anderen für User, die über die Herkunft von Baklava diskutieren, und zu guter Letzt auch eine große Gruppe von Usern, die verwundert über das weiße Zeug war, das im Baklava steckte. Denn viele, die noch nie von dieser speziellen Kreation gehört hatten, hielten das Eis im ersten Moment für Mozzarella-Käse. Die Folge: Es wurde in den Kommentaren viel diskutiert.

Dadurch wurde mir klar, dass für den Erfolg eines Videos anscheinend der Salienz-Effekt eine große Rolle spielt, durch den die Nutzer auf das Video aufmerksam gemacht werden.

Salienz-Effekt (Auffälligkeits-Effekt) meint in der Psychologie,[5] dass ein Reiz (z. B. ein Objekt oder eine Person) hervorsticht und somit leichter wahrzunehmen und für unser Gehirn einfacher zu verarbeiten ist. Ursache dafür könnte ein zu großer Kontrast sein oder widersprüchliche Erwartungen. So fällt eine nackte Person auf dem Fußballfeld sehr schnell auf, da der Flitzer nicht erwartet wurde. Genauso wie Mozzarella mit Baklava.

Nach einigen weiteren Tests mit dem Unboxing einer Apple Watch (90 000 Aufrufe) und einem Video, in dem ich Wäsche mit einem Wäsche-Falter aus meiner Lieblings-Sitcom *The Big Bang Theory* faltete (415 000 Aufrufe), kam mir ein Gedanke. Im Grunde hatte ich kein besonderes Wissen über Baklava und auch keine sonderlich große Leidenschaft für das Falten von Wäsche. Wie also konnte ich meine echte Leidenschaft auf die App anwenden?

Ich dachte daran, wie sehr mir das Erklären von psychologischen Phänomenen und die Interaktion mit einer Audience fehlten. Hinter den Views meiner Videos steckte ja im Grunde auch eine Audience. Jeder Aufruf war durch einen echten Menschen zustande gekommen. Also startete ich die App, richtete die Kamera auf mich selbst und begann, die ersten Psychologie-Erklärvideos für die Generation Z aufzunehmen. In meinem ersten Video ging es um die sogenannte Door-in-the-face-Strategie.

Door-in-the-face-Strategie: Eine Verkaufsstrategie, bei der man zunächst eine große Bitte äußert, die bewusst so groß ist, dass die Zielperson ablehnt. Dann folgt eine sehr viel kleinere Bitte, bei der es sich um das eigentliche Anliegen handelt.[6] Die meisten Menschen fühlen sich verpflichtet, anderen einen Gefallen zu tun oder ihnen zumindest entgegenzukommen. Man bezeichnet dies als das Prinzip der

Reziprozität. Da die erste Bitte abgelehnt wurde, erhöht sich die Wahrscheinlichkeit, bei der zweiten Bitte anzunehmen, da die »Verkaufsperson« uns entgegengekommen ist und wir ein schlechtes Gewissen bekämen, wenn wir ein weiteres Mal ablehnen. Ein Beispiel: Kenny fragt seinen Freund Simon, ob er ihm sein Auto borgt. Simon sagt: »Hey, leider brauche ich das Auto, da ich ein paar Erledigungen machen muss.« Also fragt Kenny etwas enttäuscht: »Könntest du mich wenigstens zum Fußballtraining fahren?« Simon wird dieser Bitte mit deutlich höherer Wahrscheinlichkeit nachkommen, weil es bereits die erste Bitte gegeben hat.

So startete ich also als Creator zu Themen der Psychologie auf sozialen Medien wie TikTok, Instagram und YouTube – zunächst aus reiner Leidenschaft für die Inhalte und Spaß an der Interaktion mit einer Audience. Doch meine Kanäle wuchsen schnell – und mit den steigenden Views wurde ich mir der Bedeutung und meiner Verantwortung als Creator immer stärker bewusst.

Innerhalb kürzester Zeit gewann ich das Vertrauen der Nutzenden, die mir folgten, mit mir interagierten und mich auf Beiträgen markierten. Ich wurde sogar unter psychologischen Beiträgen zitiert! Mir war klar, dass ich bei einer solchen Reichweite unbedingt selbstkritisch sein musste: noch mal nachlesen, ob die Theorien, auf die ich mich bezog, überholt waren oder ob sie den aktuellen Wissensstand der Forschung widerspiegelten.

Da ich selbst immer mehr mit psychologischen Inhalten auf meinem Feed konfrontiert wurde, fiel mir auf, wie viele selbst ernannte (Hobby-)Psychologen dort ihr Halbwissen unreflektiert präsentierten, ohne das Gesagte zu überprüfen. Oft werden Inhalte einfach eins zu eins von amerikanischen Creators übernommen und ins Deutsche übersetzt.

Mich störte nicht nur die Tatsache, dass dadurch Falschinformationen viral gingen. Mich störte auch, dass ich im Studium viele aktuelle Studien und Lehrbücher gelesen hatte, während all diese Menschen irgendwelche aufgeschnappten Informationen vollkommen selbstsicher und selbstverständlich verkündeten.

Eins, Zwei (Dunning) Kruger kommt vorbei

Der Dunning-Kruger-Effekt[7] bietet hier eine vermeintliche Antwort: Es handelt sich um eine kognitive Verzerrung, bei der wir Menschen dazu neigen, unser Wissen und unsere Fähigkeiten zu überschätzen. Oftmals fällt auf, dass Personen mit umfangreichem Wissen über ein bestimmtes Thema differenzierter über damit zusammenhängende Dinge nachdenken und weniger pauschale Aussagen treffen. Im Gegensatz dazu sind wir bei Themen, von denen wir wenig wissen, oft sehr selbstsicher.[8]

Der Dunning-Kruger-Effekt wird in sozialen Medien und vielen Blogbeiträgen häufig wie in Abbildung 1.1 dargestellt.

Das klingt plausibel und überzeugend, oder? Aber was wäre, wenn ich dir sage, dass es den Dunning-Kruger-Effekt in dieser Form eigentlich gar nicht gibt, obwohl er oft zitiert wird? Selbst

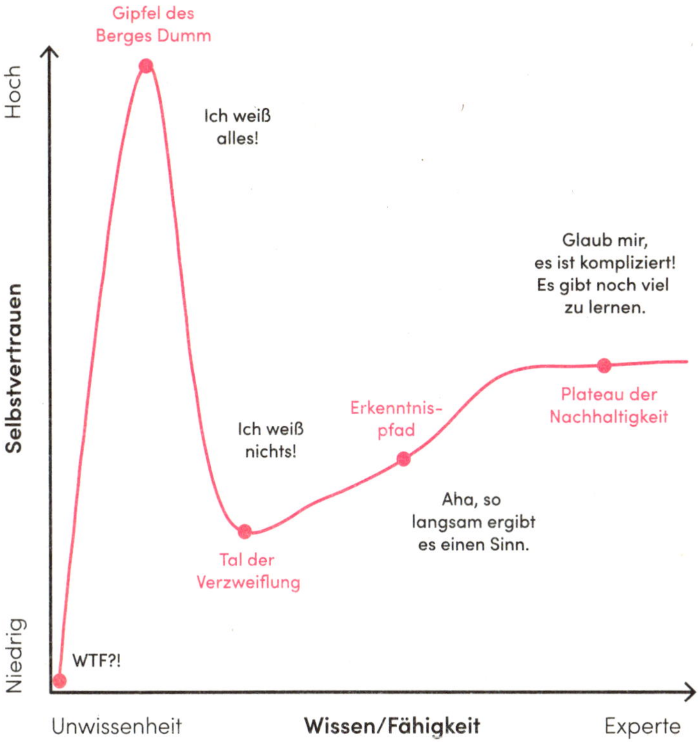

Abbildung 1.1 Typische Darstellung des Dunning-Kruger Effekts

Psychologiestudierende sind mit diesem Effekt nicht immer vertraut. Der Grund dafür ist, dass die allgemeine Selbstüberschätzung des Dunning-Kruger-Effekts nicht für die Mehrheit zutrifft. Tatsächlich schätzen fast 80 % der Menschen ihre Kompetenz im Allgemeinen korrekt ein. Dies gilt vor allem für Experten im Vergleich zu Anfängern und für Frauen, die ihre Kompetenz im Allgemeinen besser einschätzen als Männer.[9]

Daher solltest Du auch bei überzeugenden Erklärungsversuchen stets kritisch bleiben, denn Fake News, Halbwahrheiten und Verschwörungstheorien bedienen sich oft einfacher Erklärungen für komplexe Phänomene.

Testen wir mal deine Selbsteinschätzung zu den folgenden Themen: Wie gut kennst du dich – auf einer Skala von 0 bis 10 – mit ihnen aus?

a) Verbrennungsmotoren
b) Der aktuellen Spielkonsolen-Generation
c) Superschallflügel
d) DNA-Kernfusion

Wenn du bei c) und d) die 0 gewählt hast, dann warst du ehrlich – und selbst Sokrates sagte einst: »Ich weiß, dass ich nichts weiß.«[10] Tatsächlich sind die Begriffe c) und d) frei erfunden. Möglicherweise hattest du beim Lesen das Gefühl, dass du schon einmal von ihnen gehört hast. Denn die DNA ist dir sicherlich genauso ein Begriff wie die Kernfusion.

Manchmal reicht das Wiedererkennen solcher Begriffe aus, um selbstsicher über ein Thema zu reden – auch wenn man gar kein echtes Wissen zu dem Thema hat. Und manchmal kann genau dieses Halbwissen, wie man so schön sagt, gefährlich sein. Vor allem, wenn es sich verbreitet. Etwa dann, wenn man beispielsweise behauptet, dass FFP2-Masken, die man zum Schutz gegen die Verbreitung des Coronavirus trägt, angeblich schädliche Parasiten enthalten.

Zu dieser Behauptung kursierten jede Menge Fake News in den sozialen Medien und im Netz,[11] die unwissende Empfänger dazu bringen könnten, die Masken nicht mehr zu tragen. Sie spielten Verschwörungstheoretikern in die Karten, die an der Verbreitung von Falschmeldungen in Bezug auf die Pandemie und die Impfung gegen das Coronavirus beteiligt waren.

Behauptung: *In den Corona-Masken sind Parasiten enthalten.*

Du brauchst keine Fake News!

Wie kam es zu der Behauptung? Bei Untersuchungen von FFP2-Masken unter dem Mikroskop konnten keine Parasiten oder Fadenwürmer gefunden werden, sondern ganz gewöhnliche Textilreste.[12] Durch die elektrostatische Aufladung der Textilfasern gerieten die Fäden unter dem Mikroskop von Amateur- und Hobbyforschenden in Bewegung und wurden für lebendige und schädliche Wesen gehalten. Elektrostatische Aufladung ist etwas völlig Normales – sie kommt beispielsweise dann vor, wenn wir einen Luftballon über unsere Haare reiben und sie zu Berge stehen. Das kann ich dir leider nicht vorführen. Falls du dich fragst, warum: Schlag das Buch zu und schau dir das Cover an. (Schlagzeug-Pointe)

Das Problem: Dieses Wissen über Elektrostatik und weitere physikalische Gegebenheiten, die das Phänomen der sich bewegenden Textilfasern erklären, fehlte vielen, die meinten, tatsächlich Parasiten in den FFP2-Masken erkennen zu wollen.

Die Kombination aus selbstsicherem Auftreten und Unwissenheit führt dazu, dass enorm viel gefährliches Halbwissen zu vielen Themen Anklang findet. Man muss nur so klingen, als würde man sich auskennen. Darauf werde ich später im Buch noch einmal genauer eingehen, wenn es um psychologische Mechanismen geht.

Die vermeintlichen Masken-Parasiten waren aber bei Weitem nicht die einzige Baustelle in Sachen Online-Information. Im Oktober 2020 musste ich feststellen, dass immer mehr Fake News zur Wahl des neuen US-Präsidenten in den sozialen Medien im Umlauf waren. Zwar gab es auch Faktencheck-Seiten, die sich genau damit beschäftigen – aber diese musste man proaktiv besuchen und tat das wohl nur, wenn man gegenüber einer Schlagzeile wirklich skeptisch eingestellt war.

Bei einer App wie TikTok, die so konzipiert ist, dass man in ihr sekündlich neue Videos und Inhalte konsumiert, wäre das ein Bruch in der sogenannten User Journey. Meine Idee: Ein auf die Plattform ausgelegter Kanal, der direkt auf virale Fake News reagieren und diese richtigstellen kann. Genau so wurde mein Kanal »keinfakenews« geboren, der in kürzester Zeit und innerhalb eines Monats auf 200 000 Follower wuchs.

Schau doch mal nach, wie viele es aktuell sind ...

Psychologische Sicherheit – als Nebenprodukt

Ich versuchte, mit »keinfakenews« die Algorithmen für mich zu nutzen, um direkt auf ein Video zu reagieren, das Falschinformationen beinhaltete. So wurde vielen Usern mein Video zuerst vorgeschlagen, bevor sie anschließend das virale Video mit der Fake News sahen – oder andersrum.

Der Grund hierfür ist die Klassifizierung und Kategorisierung von ähnlichen Inhalten aufgrund der Sprach- und Objekterkennung, die in die Algorithmen integriert sind. Hinzu kam, dass sich mittlerweile eine Community gebildet hatte, die mich auf Beiträgen markierte. So musste ich gar nicht lange nach Themen suchen, sondern bekam schnell mit, wo ein Faktencheck nötig war.

Gleichzeitig entstand ein Nebeneffekt, der die Wichtigkeit meiner Arbeit hervorhob: Durch die vielen Markierungen meines Kanals auf den Videobeiträgen entstand bei vielen Usern eine natürliche Skepsis gegenüber reißerischen Botschaften – aber auch eine Art psychologische Sicherheit. Denn einige Jugendliche kamen den Fake News schon auf die Schliche, wenn sie sahen, dass ich in den Kommentaren zu dem Video unzählige Male markiert worden war. Nicht selten schrieben mir Follower, dass sie wieder besser schlafen konnten, nachdem ich sie in einem Video über die zum Teil beunruhigenden Falschinformationen aufgeklärt hatte.

Auch für mich ist es nicht immer einfach herauszufinden, ob es sich um eine Falschinformation handelt. Eine intensive Recherche und Methodenarbeit spielen eine wichtige Rolle.

Mehr als ein Ratgeber

Die große Frage lautet: Wann sind News eigentlich Fake News? Und was sind überhaupt Fake News? Im nächsten Kapitel werde ich die verschiedenen Arten von Fake News genauer vorstellen.

An dieser Stelle ist es mir aber schon einmal wichtig zu sagen, dass soziale Medien nicht die einzigen Ballungsräume für Fake News sind. So spielen Verschwörungsmythen auch in der Kunst, vor allem in der Musik wie zum Beispiel im Hip-Hop eine große Rolle. Einige Songtexte werden wir im Kapitel 7 »Verschwörungstheorien – Welchen Aluhut tragen wir heute?« beleuchten.

Doch bevor wir zu den ganzen Definitionen kommen, möchte ich vorwegnehmen, dass *What the Fake!* kein Fachbuch ist. Dies hier ist ein Buch, das ein Begleiter für dich im Alltag sein soll. Ein Denkzettel, ein Ratgeber, ein metaphorischer Engel, der auf deiner Schulter sitzt und dir ab und zu ins Ohr flüstert: »Hey, warte mal kurz, bevor du das teilst!«

Betrachte dieses Buch als eine Art Impfpass, den du irgendwo liegen hast und hin und wieder brauchst. Warum ich jetzt den Impfpass als Beispiel genommen habe? Das hat nicht den Grund, dass zum Thema Impfungen und Corona unzählige Fake News kursieren, sondern den, dass die Wirkung, die dieses Buch erzielt, einer Impfung ähnelt (siehe Kapitel 8 »WTF!?« Wie du Wahrheit von Falschmeldungen unterscheidest«).

Dieses Buch soll für dich außerdem eine Art Training im Umgang mit sozialen Medien sein. Von Kapitel zu Kapitel wirst du das hier Gelernte in deiner Umgebung wahrnehmen, darauf zurückgreifen oder noch mal etwas nachlesen wollen. Und, ja, ich weiß, dass dieses Buch kein 60-sekündiges TikTok-Video ist und es manchmal wirklich schwer sein kann, Wissen auf circa 200 Seiten unterhaltsam rüberzubringen. Genau deshalb unterstützt mich dabei der Autor Jan Wehn. An dieser Stelle vielen lieben Dank.

Doch der größte Dank geht an DICH. Nicht nur, weil du dieses Buch erworben hast und hoffentlich weiterliest, sondern weil du nach dem Lesen dieses Buches einen riesigen Beitrag für die Gesellschaft leisten kannst. Denn eine Fake News weniger im Umlauf, ein Glied weniger in der Verbreitungskette, ist sehr viel wert.

Die Wahrnehmung von Fake News hängt vom Alter ab

Insbesondere junge Menschen informieren sich überwiegend in sozialen Netzwerken oder auf Blogs über Nachrichten und aktuelle Ereignisse. So bekommen 64 Prozent der 18- bis 24-Jährigen, 63 Prozent der 25- bis 34-Jährigen, 61 Prozent der 35- bis 44-Jährigen, 57 Prozent der 45- bis 54-Jährigen und 49 Prozent der über 55-Jährigen über Social Media mit, was in der Welt passiert. Radio und Print hingegen werden mittlerweile von circa einem Viertel der Bevölkerung als Informationsquelle genutzt. Lediglich das Fernsehen hat eine ähnlich hohe Verteilung, die nur genau umgekehrt im Bezug zum Alter verläuft. So informieren sich drei Viertel aller über 55-Jährigen mithilfe des Fernsehens über aktuelle Geschehnisse, während es bei den 18- bis 24-Jährigen nur 43 Prozent sind.[13]

Laut einer Umfrage[14] vom Wirtschaftsprüfer PwC mit 1000 Teilnehmenden sind 55 Prozent der 18- bis 29-Jährigen im

Zuge ihrer persönlichen Mediennutzung nach eigenen Angaben auf Fake News gestoßen. Bei den über 60-Jährigen sind es dagegen nur 20 Prozent, was aber auch unter anderem daran liegt, dass gerade die älteren Generationen weniger Erfahrung mit digitalen Medien mitbringen, diese auch weniger nutzen und somit eventuell auch nicht immer bewusst Fake News als solche wahrnehmen. Stattdessen greifen sie eher auf Printmedien zurück, in denen die Verbreitung von Falschnachrichten wegen gründlicher Redaktionsprozesse erschwert ist und sie auch keine so große Reichweite erzielen.

Beim Umgang mit Fake News brauchen vor allem Kinder und Jugendliche altersgemäße Aufklärung und Unterstützung, was auch meine Motivation ist, dieses Buch zu schreiben: Ich möchte ein Bewusstsein für Fake News schaffen und anderen Menschen dabei helfen, psychologische Mechanismen zu erkennen, die eine Rolle bei der Verbreitung von Fake News spielen. Ich möchte dabei helfen, die Gefahren zu erkennen und Werkzeuge in die Hand zu geben, um Fake News zu identifizieren.

Denn eins steht fest: Fake News können nicht nur einen wirtschaftlichen, sondern auch in Politik und Gesellschaft einen großen Schaden anrichten. Ob durch Onkel Jochen in der Familien-WhatsApp-Gruppe oder in den Medien durch Menschen mit riesiger Followerschaft.

Tweeting like Pinocchio

Spätestens mit Donald J. Trumps Kandidatur um das Präsidentenamt der USA war das Wort Fake News in aller Munde.

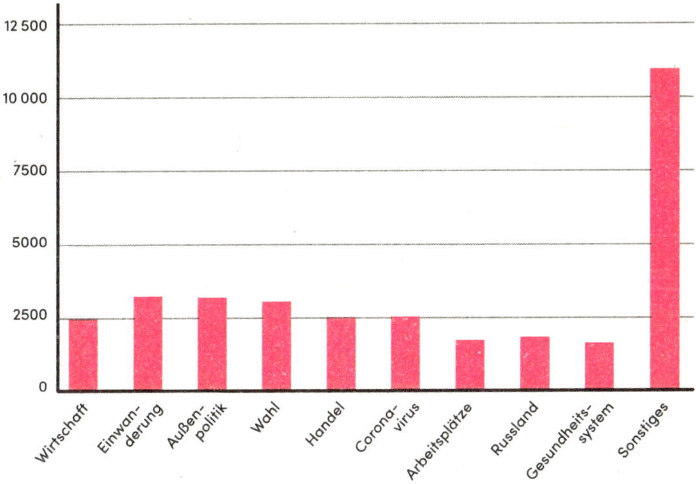

Abbildung 1.2 30 573 Falschaussagen von Donald J. Trump in vier Jahren

Warum? Es wurde von Trump beinahe schon inflationär verwendet. Vor allem immer dann, wenn kritische Dinge über ihn in den Medien geäußert wurden. Die Ironie dahinter: Laut einer Auswertung[15] der *Washington Post* verbreitete Donald Trump selbst im Verlauf seiner Amtszeit insgesamt sage und schreibe 30 573 falsche oder irreführende Aussagen. 3225 davon in Bezug auf Einwanderung beziehungsweise Einwanderungszahlen in den USA, 3165 zur Außenpolitik und 3037 zu den Präsidentschaftswahlen. Auch während der Coronapandemie machte er keinen Halt vor Fake News und traf insgesamt 2521 Falschaussagen zum Virus und dessen Verbreitung.

Als ich diese Zahlen zum ersten Mal las, dachte ich nur: *WTF?!* Nun, ihr denkt es sicherlich auch – und damit herzlich willkommen zu »What the Fake! Wie du Wahrheit von Falschmeldungen unterscheidest«. ✕

2

EINE LANGE GESCHICHTE DER FAKE NEWS KURZ GEFASST

In den letzten Jahren hat der Ausdruck *FAKE NEWS* immer öfter seinen Weg in öffentliche Diskussionen gefunden. Aber was bedeutet dieser Begriff eigentlich genau? Kurz gesagt handelt es sich bei Fake News um gefälschte Nachrichten, die echt wirken sollen. Sie sollen seriöse Berichte nachahmen, um vertrauenswürdig zu erscheinen. Das Ziel dahinter ist es, politische Diskussionen zu beeinflussen und Stimmungen gegen oder für Themen oder Personen zu erzeugen, um deren Position zu schwächen.

Doch Fake News sind kein neues Phänomen. Mag sein, dass sie erst in den letzten Jahren in der breiten Öffentlichkeit präsent geworden sind, aber tatsächlich gab es sie auch schon lange vor Facebook, Twitter, TikTok und Co. Manche Fake News und Verschwörungserzählungen lassen sich sogar bis in die Antike und das alte Ägypten zurückverfolgen! [1]

Ohne Sauerstoff ziehst du viele mit deinem Orakel ab/an

Was tat man im alten Griechenland, wenn man kein Google zur Verfügung hatte und Hilfe brauchte? Richtig, man suchte den Rat der Götter. Viele Menschen pilgerten daher, vollbeladen mit Geschenken, zum Orakel von Delphi. Dort wurden sie von Pythia empfangen, der nachgesagt wurde, eine göttliche Gabe von Apollon erhalten zu haben, um in die Zukunft zu schauen. Allerdings handelte es sich hierbei um einen sehr lukrativen Betrug.

Wissenschaftlerinnen und Wissenschaftler sind sich heute einig, dass in Wahrheit Gase, die aus dem Inneren der Erde strömten, dafür sorgten, dass Pythias Gehirn nicht mit ausreichend Sauerstoff versorgt wurde, und sie dadurch in eine Art Trance geriet.[2] Die Prophezeiungen der Seherin wurden ihr tatsächlich nicht von Göttern überbracht; vielmehr handelte es sich lediglich um zusammenhanglose Äußerungen, die die Seherin traf, da ihr Gehirn nicht in der Lage war, seine kognitiven Leistungen auszuführen.

Das Ganze wurde so erfolgreich, weil man in ihren wirren Worten viel Interpretationsspielraum hatte und somit die Aussagen als Bestätigung nutzte. Dies führte zu einer Art selbsterfüllender Prophezeiung. Die Menschen suchten nach Bedeutungen in Pythias unklaren Äußerungen und passten sie auf ihre eigenen Situationen an. Oft wurden ihre Worte so interpretiert, dass sie als Rat oder Weisheit erschienen, die den Ratsuchenden halfen, Entscheidungen zu treffen oder Hoffnung in schwierigen Zeiten zu finden.

Rom brennt, und Nero spielt Musik

Ich erinnere mich an einen Text, den ich zu meiner Schulzeit im Lateinunterricht ins Deutsche übersetzen sollte. Mein Latein war nicht das beste, und so war ich mir im Anschluss sicher, dass ich beim Übersetzen einige Vokabeln vertauscht haben musste. Denn in meinem Text hieß es sinngemäß, dass Kaiser Nero, während Rom 64 n. Chr. niederbrannte, auf der Lyra spielte und den Brand feierte. Das konnte doch nicht stimmen! Als ich den korrigierten Text zurückbekam, stellte ich zu meiner Verwunderung allerdings fest, dass ich die Vokabeln nicht vertauscht hatte. Alles war richtig und anscheinend genau so geschehen.

Ich stieß erst Jahre später wieder auf diese Geschichte, als meine Schwester unserem Familienhund den Namen Nero gab. Ein kleiner Shiba-Inu-Welpe, der ob seines Alters jede Menge Flausen im Kopf hatte. Ich nehme an, meine Schwester kam auf den Namen, weil er etwas angestellt und sich dabei gefreut hatte – genau wie der Kaiser von Rom. Mich interessierte jedoch weniger, was unser Familienzugang angestellt hatte. Stattdessen erinnerte ich mich an meine damalige Skepsis im Hinblick auf den Text aus dem Lateinunterricht.

Und siehe da: Es gab keinerlei überzeugende Beweise dafür, dass Nero seinerzeit Rom selbst niedergebrannt hatte.[3] Die Legende, die besagt, dass der Kaiser den Brand selbst gelegt hatte und er, während das Feuer Rom versengte, auf der Harfe spielte, entstand erst Jahrhunderte nach seinem Tod und ist wahrscheinlich auf antike Propagandatexte und spätere mündliche Traditionen zurückzuführen. Es gibt jedoch einige Anhaltspunkte, die zu dieser Legende beigetragen haben könnten. Einige Historikerinnen und Historiker glauben, dass Nero möglicherweise beschuldigt wurde, weil er das Feuer nutzte, um seine persönlichen Bauprojekte zu fördern. Andere glauben, dass die Vorwürfe gegen Nero möglicherweise von seinen politischen Gegnern inszeniert wurden, um ihn zu diskreditieren.

Wer als Erster »Gewonnen!« schreit, hat gewonnen …

So oder so ähnlich könnte das Motto lauten, wenn es um die Dokumentation historischer Schlachten und deren Verläufe geht. Denn nicht alle Schlachten und Kriege, von denen wir in der Schule gelernt haben, haben wirklich genau so stattgefunden. Vieles, was wir lernen, stützt sich auf alte Überlieferungen: Was die Nachfahren über den Erfolg oder Misserfolg mitkriegen sollten, bestimmte stets derjenige, der die Mitteilung am weitesten und überzeugendsten verbreitete. Ein Beispiel gefällig?

Es war das Jahr 31 v. Chr., und Rom stand am Rande eines Bürgerkriegs. Die Frage, die alle bewegte: Wer würde nach dem Tod Cäsars über das römische Reich herrschen – Marcus Antonius oder Octavian? Die Antwort darauf sollte in der Schlacht bei Actium gefunden werden. Die beiden Kontrahenten trafen sich in Griechenland, in der Nähe der Stadt Actium, und kämpften in einer epischen Seeschlacht, die den Verlauf der Geschichte verändern sollte.

Octavian, der Neffe und Adoptivsohn von Julius Cäsar, trat gegen Antonius und seine Verbündete, die ägyptische Königin Kleopatra, an. Octavian setzte in der Schlacht seine Seestreitmacht erfolgreich ein und griff Antonius und Kleopatra an, während diese in ihrem Lager festsaßen. Kleopatra und ihrem geliebten Marcus Antonius gelang es jedoch, den Belagerungsring des Octavian zu sprengen und in den sicheren Hafen von Alexandria zurückzusegeln, was als taktischer Sieg Kleopatras und Antonius' gesehen werden kann, da Octavian sein Ziel der Gefangennahme seiner Gegner nicht erreichte.[4] Das Ende der Geschichte? Nicht ganz. Denn während sie ihren Sieg feierten, versuchte Octavian dies zu vertuschen und behauptete, er habe Antonius und Kleopatra geschlagen, woraufhin die Truppen zu ihm überliefen.[5] Und so wurden die eigentlichen Sieger durch eine geschickt platzierte Fake News zu Verlierern.

Das Pharaonenreich gehörte von dem Moment der Vergangenheit an, und Octavian wurde als erster römischer Kaiser bekannt. Nach dem Motto: VENI, VIDI, DECEPI – Ich kam, ich sah, ich betrog.

Die Schlacht bei Actium ist ein weiteres Beispiel dafür, dass Fake News über den Verlauf der Geschichte entscheiden können.

Wurde Deutschland wegen Fake News gegründet?

Hast du schon einmal davon gehört, dass Deutschland wegen Fake News gegründet wurde? Nein? Stimmt aber. Zumindest in Teilen. Der preußische Ministerpräsident und Kanzler des Norddeutschen Bundes, Otto von Bismarck, wollte unbedingt ein deutsches Reich unter preußischer Führung gründen, welches auch die süddeutschen Staaten einschließen sollte.

Um dies zu erreichen, musste er Frankreich, das seine alte napoleonische Machtstellung in Europa zurückerlangen wollte, militärisch herausfordern. Bismarck suchte also nach einem Vorwand, um den Krieg zu beginnen – und fand ihn in der Nachfolgefrage des spanischen Throns. Nachdem das spanische Militär Königin Isabella gestürzt hatte, wurde ein neuer Monarch gesucht und Prinz Leopold von Hohenzollern-Sigmaringen als Kandidat vorgeschlagen. Frankreich lehnte dies jedoch ab, da es befürchtete, von zwei Hohenzollern, einem in Madrid und dem anderen in Berlin, bedroht zu werden.

Bismarck nutzte diese Gelegenheit, um Frankreich zu provozieren und heimlich mit Spanien einen Deal auszuhandeln. Allerdings wurde das Wahldatum des spanischen Königs durch das Parlament frühzeitig bekannt gegeben und erreichte auch Frankreich. Der französische Botschafter wurde daraufhin nach Bad Ems geschickt, um den preußischen König Wilhelm I. dazu zu überreden, Leopold von seiner Kandidatur abzubringen – was auch gelang.

Der französische Kaiser Napoleon III. stellte jedoch eine weitere Forderung, von der er wusste, dass Wilhelm I. sie ablehnen würde: Er forderte, dass Wilhelm sich für immer und ewig dazu verpflichtet, dass kein Hohenzoller jemals Anspruch auf den spanischen Thron erheben würde. Wilhelm lehnte diese Forderung wie erwartet ab, und Bismarck nutzte dies wiederum und kürzte und verschärfte den Text des Briefs, um eine Pressemitteilung zu veröffentlichen, die das Gespräch zwischen dem französischen Botschafter und dem preußischen König als beleidigend darstellte. Der perfekte Vorwand für einen Krieg.[6, 7, 8] Das Deutsche Reich wurde also zum Teil aufgrund von Fake News gegründet, da Bismarck die politischen Ereignisse zu seinen Gunsten manipulierte, um den Krieg anzuzetteln.

Die Große Furcht oder: Kuchen statt Brot

Manchmal reicht schon einfache Mundpropaganda, um Fake News zu verbreiten. Denn dabei lässt sich meist gar nicht genau zurückverfolgen, wer ein Gerücht oder eine Falschmeldung in die Welt gesetzt hat. Ein schönes Beispiel dafür ist das folgende Gerücht, welches für eine tiefgreifende Veränderung Frankreichs sorgte.

Es war ein heißer Sommer im Jahr 1789, als sich die Bewohnerinnen und Bewohner von Paris und anderen Teilen Frankreichs in Angst und Schrecken versetzt fanden. Sie glaubten, dass adelige Aufständische und ausländische Armeen das Land angreifen würden.

Doch was hatte diese *Grande Peur*, wie die Massenpanik im Volksmund genannt wurde, verursacht?

Nun, dabei spielte die Kombination verschiedener Faktoren eine Rolle. Zum einen war da die wirtschaftliche Krise, die Frankreich zu der Zeit plagte und die zu einer starken Unzufriedenheit unter der Bevölkerung geführt hatte. Hinzu kamen politische Spannungen und Unruhen, die durch die Reformbestrebungen der Nationalversammlung und den Fall der Bastille im Juli 1789 noch verschärft wurden.

Doch das war noch nicht alles. Gerüchte und Propaganda, die von adeligen Gegnern der Revolution in Umlauf gebracht wurden, schürten das Feuer der Angst noch weiter. Die Folgen dieser Gerüchte: Massenpanik, Gewalt und Plünderungen adeliger Haushalte sowie Angriffe auf Klöster und Kirchen, die als Symbole für den alten Adel und die Kirche betrachtet wurden.[9]

Die Grande Peur hatte Einfluss auf Frankreichs Politik. Wegen des Drucks auf die Nationalversammlung wurden mehrere Beschlüsse gefasst, um die Unterschiede zwischen den Gesellschaftsklassen abzuschaffen.[10]

Ach, bevor ich es vergesse, eine weitere Fake News in diesem Zusammenhang hält sich bis heute. So heißt es, Königin Marie Antoinette habe, während die Ernten ausfielen und es den Leuten sehr schlecht ging, gesagt, dass sie Kuchen essen sollen, wenn sie kein Brot haben.

Fakt ist jedoch: Es war Jean-Jacques Rousseau, der die Zeilen zwischen 1766 und 1768 geschrieben hat. Da war Marie Antoinette gerade mal elf bis dreizehn Jahre alt.[11] Später wurde das Zitat anekdotisch mit Marie Antoinette in Verbindung gebracht.[12]

Die Protokolle der Weisen von Zion

Kommen wir zu den folgenreichsten Fake News, die es in der Menschheitsgeschichte bis dato gegeben hat: »Die Protokolle der Weisen von Zion« – ein antisemitisches Pamphlet, das in Russland im späten 19. Jahrhundert veröffentlicht wurde. In den »Protokollen« wird behauptet, dass eine geheime jüdische Verschwörung existiert, die darauf abzielt, die Weltherrschaft zu erlangen und die Menschheit zu unterjochen.[13]

Die »Protokolle« sind ein klassisches Beispiel für Verschwörungstheorien und seit Jahrzehnten ein wichtiges Propagandainstrument für Antisemiten auf der ganzen Welt. Sie wurden von verschiedenen Gruppen und Regierungen zur Unterstützung ihrer Agenda verwendet und haben zu

Gewalt, Diskriminierung und zur Verfolgung von Juden geführt.

Dabei basieren die »Protokolle« auf einer Fälschung, die angeblich von einem jüdischen Geheimbund namens »Die Weisen von Zion« stammt. In Wirklichkeit wurden sie von russischen Geheimdienstmitarbeitenden während des Russisch-Japanischen Krieges erstellt, um die Unterstützung der Bevölkerung für den Krieg zu gewinnen. Zwar sind die »Protokolle von Zion« erstmals in Russland erschienen, jedoch ist es nicht bewiesen, dass die Fälschung auf den damaligen russischen Geheimbund allein zurückzuführen ist.[14]

Die »Protokolle« sind voller offensichtlicher Falschbehauptungen und enthalten keinerlei wissenschaftliche oder historische Fakten. Sie beschreiben etwa, wie Juden das Finanzsystem kontrollieren und durch die Kontrolle der Massenmedien die öffentliche Meinung manipulieren. Sie enthalten antisemitische, rassistische und sexistische Vorurteile gegenüber Minderheiten.

Trotz ihrer offensichtlichen Unwahrheit wurden die »Protokolle« von vielen Menschen für bare Münze genommen – wodurch es zu vielen gewaltsamen Übergriffen und letztlich zum Holocaust im Zweiten Weltkrieg kam. Noch heute werden die diskriminierenden Aussagen von damals von einigen Gruppen und Einzelpersonen verbreitet und sind ein Beispiel dafür, wie falsche Informationen und Vorurteile zu Gewalt und Diskriminierung führen können.

Vor allem Adolf Hitler und die Nationalsozialistische Deutsche Arbeiterpartei (NSDAP) spielten eine wichtige

Rolle bei der Verbreitung und Nutzung der »Protokolle« als Propagandainstrument. Hitler und die NSDAP unterstützten und rechtfertigten damit ihre Agenda der Judenfeindlichkeit.[15] Nachdem Hitler an die Macht gekommen war, wurde das Buch jedoch zu einem offiziellen Propagandatext der NSDAP. Hitler und andere Mitglieder der Partei zitierten die »Protokolle« häufig in ihren Reden und nutzten sie als Beleg für ihre Behauptungen über eine angebliche jüdische Verschwörung zur Weltherrschaft.

Die »Protokolle der Weisen von Zion« spielten auch eine wichtige Rolle bei der Ausarbeitung und Umsetzung der »Nürnberger Gesetze« von 1935, die die Bürgerrechte von Juden in Deutschland beschränkten und sie zu Bürgern zweiter Klasse machten – ein furchtbarer und entscheidender Schritt auf dem Weg zu den Gräueltaten, die während des Holocaust verübt wurden.[16]

Bis heute bleiben die »Protokolle« ein antisemitisches Propagandainstrument und finden sich auch in vielerlei Raptexten wieder. (Darauf gehe ich in Kapitel 7 noch genauer ein.)

Die Dolchstoßlegende

Weiter geht es mit einem der bekanntesten Mythen der deutschen Geschichte: der Dolchstoßlegende. Sie besagt, dass Deutschland im Ersten Weltkrieg nicht von den Alliierten besiegt, sondern von den eigenen Führern im Inneren verraten wurde.Der Mythos entstand nach dem Krieg, als die deutsche Bevölkerung nach Erklärungen für die erfahrene Niederlage suchte.

Als Generalfeldmarschall Paul von Hindenburg am 18. November 1919 vor einen Untersuchungsausschuss geladen wurde, stellte man ihm die Frage, wer Schuld am verlorenen Krieg habe. Er antwortete, dass die Deutsche Armee im Feld unbesiegt geblieben wäre und tapfer den Feinden standgehalten hätte. Doch dann fielen ihnen die Feinde des deutschen Volkes in den Rücken: Sozialisten, Studierende und streikende Arbeiter, die die Soldaten hinterrücks erdolchten und den Feinden Deutschlands halfen.[17] Klingt nach einer verrückten Verschwörungserzählung? Ist es auch!

Die Dolchstoßlegende war eine bequeme Erklärung für Hindenburg, da sie die Schuld nicht bei der eigenen Bevölkerung, sondern bei einer kleinen Gruppe von Verrätern sah. Die Legende besagt, dass es eine Gruppe von hochrangigen Militärs und Politikern gab, die heimlich einen Friedensvertrag mit den Alliierten ausgehandelt hatten, während sie öffentlich weiterkämpften. Sie sollen Deutschland absichtlich verlieren lassen haben, um ihre eigenen Machtinteressen zu verfolgen. Diese Verräter wurden als »Dolchstoßlegionäre« bezeichnet und die Geschichte als »Dolchstoßlegende« bekannt.

Die Dolchstoßlegende erlangte in den Jahren darauf Bekanntheit, und dreimal dürft ihr raten, wer ihr glühendster Verfechter wurde. Ganz richtig: Adolf Hitler. Denn dem passte die Legende natürlich bestens in den Kram: Die Linken als Volksverräter und Feiglinge. Das hätte er sich selbst nicht besser ausdenken können.

Folglich wurde die Dolchstoßlegende von den Nationalsozialisten unter Adolf Hitler und den Deutschen Nationalsozialisten (NSDAP) in Österreich aufgegriffen und zu Propagandazwecken genutzt. Sie wurde in Schulbüchern und in der NS-Propaganda verbreitet und diente als Rechtfertigung für den Angriff auf Polen und den Beginn des Zweiten Weltkriegs.

Tatsächlich gab es aber keinerlei Beweise für die Dolchstoßlegende – sie wurde von Historikern als reine Propaganda entlarvt. Die wahren Gründe für Deutschlands Niederlage im Ersten Weltkrieg waren viel komplexer und umfassten militärische Fehler, wirtschaftliche Probleme und den Einsatz von chemischen Waffen durch die Alliierten.

Und dennoch hielt sich die Legende lange Zeit in den Köpfen der Deutschen und hatte großen Einfluss auf die politische Landschaft des Landes.[18] Sie zeigt, wie mächtig Propaganda sein kann und wie wichtig es ist, sich selbst eine Meinung zu bilden und Fakten zu hinterfragen.

Angriff auf Polen

Wie schon oben erwähnt, nutzten Hitler und die Nationalsozialisten die Dolchstoßlegende und die »Protokolle von Zion« für ihre schreckliche Propaganda. Auch der Angriff auf Polen unter dem Decknamen »Fall Weiß« startete mit einer lang geplanten Lüge, die mit dem Einmarsch auf Polen zum Zweiten Weltkrieg führte. Am 1. September 1939 verwirklichte Hitler seinen Plan und führte seine Truppen in die Schlacht, wobei er einen inszenierten Angriff auf den Rundfunksender Gleiwitz als Vorwand nutzte, um seinen Krieg zu rechtfertigen. In Hitlers Rede vor dem Deutschen Reichstag am 1. September 1939 bezog er sich auf die »unerträglichen Zustände« des deutschen

Volkes und beschuldigte Polen, einen Überfall auf den Rundfunk Gleiwitz begangen zu haben.[19, 20]

»Polen hat nun heute Nacht zum ersten Mal auf unserem eigenen Territorium auch durch reguläre Soldaten geschossen. Seit 5:45 Uhr wird jetzt zurückgeschossen!« [21]

Das war eine dreiste Propagandalüge Hitlers, um einen Angriff auf Polen zu rechtfertigen, der insgeheim schon von langer Hand geplant war. So reiste im August 1939 der deutsche Außenminister Joachim von Ribbentrop nach Moskau, um einen Nicht-Angriffspakt mit der Sowjetunion zu unterzeichnen, der zehn Jahre halten sollte. Der Pakt beinhaltete, dass sich die beiden Länder im Kriegsfall gegenseitig unterstützen und nicht angreifen werden. Deutsche Truppen griffen Polen ohne formelle Kriegserklärung an und besiegten das Land binnen sechs Wochen dank klarer Luftüberlegenheit. Während der Besatzung starben sechs Millionen polnische Bürger, darunter drei Millionen Juden, aufgrund systematischer Vernichtung durch Zwangsarbeit, Massenerschießungen und Vergasungen.[22]

Die Brutkastenlüge

Wir schreiben das Jahr 1990, es ist Anfang August, und der irakische Diktator Saddam Hussein hat soeben beschlossen, mit seiner Armee in den Nachbarstaat Kuwait einzumarschieren, um das Land zu besetzen. Die Gründe für diese Invasion sind vielfältig und reichen von finanziellen Interessen bis hin zu Rivalitäten in der Region. Die Aktion löst eine Krise in der Weltdiplomatie aus und stellt die Frage, ob es eine friedliche Lösung für das Problem geben kann oder es zu einem Krieg kommen wird. Alle Welt blickt auf die USA – dort ist George H. W. Bush Senior zu dieser Zeit Präsident. Bush verurteilt die Invasion und schmiedet Bündnisse mit anderen Ländern, um dem Irak entgegenzutreten, und fordert einen bedingungslosen Rückzug aus Kuwait.[23]

Am 10. Oktober 1990 tritt eine 15-jährige Frau namens Nayirah vor den amerikanischen Menschenrechtsausschuss und berichtet als Augenzeugin von einer schrecklichen Tat, die sie gesehen haben will. Sie sagt, dass sie beobachtet habe, wie irakische Soldaten Babys aus Brutkästen gerissen haben und sie dann auf dem kalten Boden sterben ließen. Der Auftritt der jungen Frau hat großen Einfluss auf die Meinung der US-Bevölkerung und des Kongresses, die zuvor gegen einen Krieg waren. Präsident George H. W. Bush Senior erwähnt diese Geschichte in zehn seiner wichtigsten Reden,[24] und auch Amnesty International verwendet die Brutkastengeschichte in ihrem Bericht über Menschenrechtsverletzungen.[25]

Die Folge: Am 12. Januar 1991 stimmt eine Mehrheit im US-Senat für eine militärische Intervention, und schon vier Tage später, am 16. Januar 1991, beginnt die Operation »Desert Storm« des Zweiten Golfkriegs. Die USA und ihre Verbündeten greifen den Irak an – zuerst von der Luft aus, später auch mit Bodentruppen – und vertreiben das irakische Militär aus Kuwait – eine der größten militärischen Auseinandersetzungen seit dem Zweiten Weltkrieg.

Erst nach Ende des Golfkrieges wird jedoch bekannt, dass Nayirahs Brutkastengeschichte eine Lüge war. Sie war Teil einer Millionen-Dollar-Kampagne, die von der PR-Agentur Hill+Knowlton Strategies gesteuert wurde und die Öffentlichkeit von einer militärischen Offensive gegen den Irak überzeugen sollte. Hill+Knowlton gründete dafür die angebliche nicht-regierungsnahe Organisation »Citizens for Free Kuwait« (Bürger für ein freies Kuwait), die von der kuwaitischen Exilregierung und anderen Geldgebern finanziert wurde. Im September 1990 organisierte die Agentur in ganz Amerika Informationsveranstaltungen und stellte Zeugenaussagen von Flüchtlingen und Augenzeugen bereit, die alle die Grausamkeiten des Irak unterstreichen sollten. Nayirah war eine von ihnen, und ihre Brutkastengeschichte wurde von Hill+Knowlton als besonders eindrucksvolles Beispiel verwendet.

Erst Jahre später wird bekannt, dass Nayirah in Wirklichkeit die Tochter des kuwaitischen Botschafters in den USA ist und nicht, wie behauptet, eine geflohene Krankenschwester.[26, 27, 28, 29]

Ihre Aussage vor dem Menschenrechtsausschuss war also von Anfang an falsch und wurde nur verwendet, um die Öffentlichkeit gegen den Irak aufzuwiegeln und die Unterstützung für einen Krieg zu erhöhen. Die Rolle, die Nayirahs Lüge bei der Entscheidung für den Golfkrieg spielte, ist umstritten: Es gibt keine klaren Beweise dafür, dass sie der Hauptgrund für den Krieg war. Trotzdem ist ihre Aussage ein Beispiel dafür, wie leicht die Öffentlichkeit manipuliert werden kann und wie wichtig es ist, die Wahrheit zu überprüfen, bevor folgenschwere Entscheidungen getroffen werden.

Massenvernichtungswaffen

Die Brutkastenlüge war nicht der einzige Vorwand, der von der US-Regierung und ihren Verbündeten verwendet wurde, um einen Krieg im Irak zu rechtfertigen. Den Irakkrieg, der im Jahr 2003 begann, rechtfertigten die USA mit der Behauptung, dass der Irak Massenvernichtungswaffen und Verbindungen zur terroristischen Organisation al-Qaida besaß.

Am 5. Februar 2003 hielt der US-Außenminister Colin Powell eine Rede vor dem UN-Sicherheitsrat, in der er angebliche Beweise dafür vorlegte, dass der Irak über derartige Waffen verfügte. Darunter auch ein Röhrchen mit einem weißen Pulver, bei dem es sich angeblich um einen gezüchteten Krankheitserreger und eine biologische Waffe handeln sollte, sowie unscharfe Satellitenbilder mit Pfeilen und Beschriftungen, die zeigten, wo die irakische Regierung mobile Waffenlager verstecke. Powell betonte, dass es sich bei diesen Beweismaterialien nicht um Behauptungen, sondern um Fakten handle – wie sich herausstellte: falsche Fakten.[30, 31, 32, 33]

Die US-Regierung hatte keine derartigen Belege, nutzte die Behauptung, dass der Irak Massenvernichtungswaffen besaß, jedoch als Vorwand für den Krieg. Waffeninspektoren der UNO, Experten im Kampf gegen den Terrorismus und Politiker sagten später, dass es keine Beweise für die Behauptungen der Regierung gegeben habe und dass die Bilder, die von der US-Regierung vorgelegt wurden, entweder falsch oder unzuverlässig waren.[34, 35]

Nach dem Ende des Kriegs wurden im Irak keine Massenvernichtungswaffen gefunden.[36] Zudem widerlegte ein finaler Bericht der 9/11-Kommission (ein parteiübergreifender Ausschuss des US-Kongresses) aus dem Jahr 2004 die Behauptung, dass der Irak mit der Terrororganisation al-Qaida verbunden war.[37, 38]

Dieser Krieg hatte schlimme Auswirkungen auf das irakische Volk und brachte Jahre des Chaos und der Unsicherheit ins Land, die zu Hunderttausenden zivilen Todesopfern im Irakkrieg und in den folgenden Jahren führten.[39, 40] Trotz der Eroberung der großen Städte durch die US-Armee konnten die USA die Lage im Irak nie vollständig unter Kontrolle bringen. Colin Powell räumte später seinen Fehler bezüglich der nicht vorhandenen Massenvernichtungswaffen ein und bezeichnete seine Rede vor den Vereinten Nationen als »Schandfleck in seiner Karriere«.[41]

In diesem Kapitel haben wir uns mit der Geschichte von Fake News beschäftigt und gesehen, dass sie schon seit Jahrhunderten existieren. Wir haben festgestellt, dass Fake News in verschiedenen Formen auftreten können und dass sie in der Regel verwendet werden, um Einfluss auf die Meinungen und Entscheidungen von Menschen auszuüben und oft sogar als Kriegslegitimation eingesetzt werden.

In den letzten Jahren hat sich die Verbreitung von Fake News durch die Verwendung von Social Media beschleunigt. Es ist daher wichtig, dass wir lernen, die verschiedenen Arten von Fake News zu erkennen und uns nicht von ihnen beeinflussen zu lassen, um sicherzustellen, dass wir fundierte Entscheidungen treffen und uns nicht von falschen Informationen leiten lassen. ×

3

FAKE NEWS – MEHR ALS DIE SUMME IHRER TEILE

Du hast jetzt sicher schon ein besseres Verständnis dafür, welche Auswirkungen Fake News auf den Verlauf der Menschheitsgeschichte hatten. Doch sie gehören nicht der Vergangenheit an. Im Gegenteil: Bei Fake News handelt es sich um ein Phänomen, das die Gegenwart wie kein weiteres prägt. Fake News zuordnen und erkennen zu können ist ein wichtiger Skill, den man allerdings nur bedingt in der Schule lernt. Wenn du mich fragst: zu Unrecht. Insbesondere deshalb, weil die Ausbreitung von Falschmeldungen und Verschwörungserzählungen durch Social Media enorm zugenommen hat.

Fake News und seine Freunde

Wie so vieles im Leben sind Fake News nicht immer eindeutig und haben viele Facetten. Es gibt verschiedene Arten von irreführenden Informationen, die alle unter den Begriff Fake News beziehungsweise Desinformationen fallen. Sie alle unterliegen unterschiedliche Motivationen und haben unterschiedliche Auswirkungen auf uns und unsere Gesellschaft. In diesem

Kapitel versuche ich dir einen Überblick über die verschiedenen Arten zu geben.[1, 2]

Propaganda

Im letzten Kapitel wurde eine bestimmte Art der Verbreitung von Fake News immer wieder genannt: die Propaganda. Gerade im Zusammenhang mit Kriegen fällt dieser Begriff sehr häufig. Unter Propaganda versteht man die gezielte Verbreitung von Ideen, Informationen oder Gerüchten, um die Meinung der Menschen zu beeinflussen oder zu manipulieren. Die Ziele von Propaganda können dabei ganz unterschiedlicher Natur sein. Zum Beispiel kann sie dazu dienen, die Bevölkerung für eine gewisse Sache zu gewinnen, eine bestimmte Ideologie oder einen politischen Machthaber zu unterstützen – oder sogar Angst und Misstrauen zu streuen. Propaganda kann starke Auswirkungen auf eine Bevölkerung haben, beispielsweise um Hass gegen eine Minderheit zu schüren oder einen Angriffskrieg gegen ein souveränes Land in der eigenen Bevölkerung zu rechtfertigen, beispielsweise den Angriffskrieg Russlands gegen die Ukraine.[3] Im Allgemeinen wird Propaganda dazu verwendet, um die Meinung der Menschen zu beeinflussen, ohne dass sie sich bewusst darüber im Klaren sind.

Im nationalsozialistischen Deutschen Reich gab es sogar ein Ministerium, das dafür sorgte, die herrschende Propaganda in der Bevölkerung zu verbreiten. Paul Joseph Goebbels, einer der einflussreichsten Politiker während des Nationalsozialismus, bekleidete zwischen 1933 und 1945 zwei entscheidende Ämter für die Lenkung von Presse, Rundfunk, Film und sonstigen kulturellen Angelegenheiten: Reichsminister für Volksaufklärung und Propaganda und Präsident der Reichskulturkammer.[4]

Propaganda appelliert nicht an den Intellekt, sondern an die Emotionen. Es sollen bestimmte Gefühle wie Stolz, Ehre, Mut, Trauer, Wut, Nostalgie oder Mitgefühl geweckt werden. Bei Propagandanachrichten ist kein Platz für eine ausgewogene Berichterstattung, sondern nur für ausgewählte Informationen.[5]

Hoaxes

Ein Hoax, auch Schabernack, Spaß oder Jux genannt, ist eine Falschmeldung, die auf eine absichtliche Täuschung abzielt und dazu dient, Aufmerksamkeit zu erregen oder Geld zu verdienen. Hoaxes werden oft per E-Mail, Social Media oder anderen Messenger-Diensten verbreitet.[6] Beispiel gefällig?

Im Frühjahr 2019 warnte die Münchener Polizei die Bevölkerung vor einem Kettenbrief, der unter dem Namen »Momo Challenge« die Runde machte.[7] Dieser Hoax wurde – und wird übrigens immer noch – über WhatsApp an Kinder und Jugendliche geschickt und fordert sie auf, sich mit einer animierten Gruselfigur namens Momo in Verbindung zu setzen und bestimmte Aufgaben zu erfüllen – darunter auch das Weiterleiten der Momo-Nachricht. Sollten sie diese Aufgabe nicht erfüllen, drohe ihnen nachts ein beängstigender Besuch der toten Momo-Figur.[8]

Sensible Kinder können durch diesen Scherz schwerwiegende psychische Schäden erleiden. Deshalb ist es wichtig, dass

Kinder über Hoaxes aufgeklärt werden und sie eine Bezugsperson haben, mit der sie über solche Meldungen sprechen können.

Doch Kinder sind nicht die einzigen Zielgruppen der Hoax-Ersteller. Auch Erwachsene fallen hin und wieder darauf rein, wenn sie E-Mails mit Nachrichten erhalten, in denen es etwa heißt, ein arabischer Kronprinz habe sie (und nur sie ganz persönlich!) als Erben bestimmt. Alles, was es für die Transaktion von Millionen von Euro bräuchte, wären die Bankverbindungen und oder eine Verwaltungstransaktion von 500 Euro ...

Bei Nachrichten wie diesen geht es um die Masse. Denn wenn die E-Mail an Millionen von E-Mail-Adressen geschickt wird, reicht es aus, wenn weniger als 0,1 % mitmachen, damit ihr Ersteller mit diesem Betrug Geld verdienen kann.

Behauptung: ***In Kinos werden subliminale Botschaften während des Films gezeigt. Beispielsweise: »Trink Coca und iss Popcorn!«***

Du brauchst keine Fake News!

1957 führte der US-amerikanische Marktforscher James Vicary ein besonderes Experiment im Kino durch.[9] Er hat Nachrichten auf der Leinwand gezeigt, die sagten »Trink Coca-Cola« oder »Hungrig? Esst Popcorn«. Diese Nachrichten waren jedoch so schnell wieder weg, wie sie erschienen waren, sodass die Menschen sie nicht bewusst bemerkt haben konnten. Derartige Nachrichten nennt man **subliminale oder unterschwellige Nachrichten**, da sie nicht in unser Bewusstsein vordringen, sondern unterbewusst verarbeitet werden. Vicary erklärte, die Nachrichten hätten dazu geführt, dass die Verkaufszahlen für Popcorn um 57,8 Prozent und für Coca-Cola um 18,1 Prozent gestiegen seien. Eine Erkenntnis, die viele Menschen aufregte. Manche vermuteten sogar, dass die Regierung diese Art der Werbung für Propagandazwecke nutze.

In vielen Ländern wurden subliminale Botschaften als Werbung verboten. Jedoch – und das ist das Entscheidende – hat dieses Experiment nie wirklich stattgefunden. In Wahrheit war es ein Hoax von James Vicary, der die Ergebnisse im Zuge einer PR-Maßnahme erfunden hat. Der Gedanke ist jedoch interessant. Könnte man Menschen auf diese subtile Weise beeinflussen? Die Antwort lautet Nein und Ja. Denn die Forscher Karremans, Stroebe und Claus replizierten dieses ausgedachte Experiment im Jahr 2006 mit einem sehr interessanten Ergebnis. Die Untersuchungen zeigten, dass unterschwellige Botschaften einer Getränkemarke die Wahl und das Trinkinteresse der Teilnehmer für die genannte Marke erhöhten, aber nur dann, wenn sie auch durstig waren. Das zeigt, dass subliminale Botschaften unser Verhalten mit höherer Wahrscheinlichkeit manipulieren, wenn bestimmte Bedingungen erfüllt sind.[10]

Imposter Content

Absolut kein Spaß sind betrügerische Inhalte, die echt aussehen, aber nur darauf abzielen, Menschen zu schaden. In der Regel wird von den Betrügenden versucht, die Nachrichten seriöser Institutionen so glaubhaft wie nur möglich nachzuahmen. Zum Beispiel in Form eines Briefes des Finanzamtes, der Polizei oder deiner Bank.[11]

Betrügerische Inhalte, die darauf abzielen, dass du auf einen bestimmten Link klickst, nennt man Phishing.[12] Mit dieser Methode wird versucht, an deine persönlichen Daten oder Zugangsdaten zu gelangen. Diese Technik ist raffiniert, da sie zum Beispiel auf angebliche Sicherheitsprobleme deines Bankkontos oder deines Social-Media-Accounts hinweist. Meist sind diese Nachrichten oder Mails schwierig als Fälschung zu identifizieren, da der Absender auf den ersten Blick vertrauenswürdig wirkt. Meist handelt es sich nur um minimale Abweichungen in der Urheberadresse oder -domain. Zum Beispiel würde der Absender die Adresse kontakt@keinefakenews.de statt kontakt@keinfakenews.de verwenden. Auf den ersten Blick sehen die beiden E-Mail-Adressen identisch aus – es wurde nur ein »e« hinzugefügt. Ein kleiner Buchstabe, der einen großen Unterschied macht.

Schlimmer wird es, wenn es nicht nur um Mailadressen, sondern deine Zugangsdaten für das Online-Banking oder deine Crypto-Wallet geht. Oft wird damit geködert, dass seitens der Bank ein Sicherheitsproblem festgestellt wurde. Wer hat schon Lust auf Sicherheitsprobleme mit seinem Bankaccount? Logisch, dass man da schnell handeln und das Problem beheben möchte.

Überhaupt wird oft mit unserer Angst gespielt, dass sich jemand unberechtigt Zugriff auf unsere Konten verschafft hat – und dabei gehen die Betrügenden nicht selten sehr zielgruppenorientiert vor. Bei Jugendlichen ist es nicht der Bankaccount, sondern es sind die Zugangsdaten zum Fortnite- oder Playstation-Network-Konto. Dann heißt es meist, man müsse nur dem Link folgen und sich einloggen, um weitere Informationen zu erhalten.

So erging es übrigens auch mir. Immer wieder versuchen sich Menschen Zugang zu meinen Social-Media-Accounts zu verschaffen, indem sie mir Phishingmails schicken, in denen ich dazu aufgefordert werde, meine Social-Media-Kanäle mit dem Klick auf einen bestimmten Link zu verifizieren. Wovor ihr euch übrigens auch hüten solltet, sind Fake-Gewinnspiele, bei denen ihr von vermeintlichen Mitarbeitenden eines Influencers angeschrieben werdet, um euch euren Gewinn abzuholen, oder eine E-Mail diesbezüglich bekommt. Leider sehen die Betrugsmails immer realistischer aus.

Wie schütze ich mich vor Betrugsinhalten?

Der wirksamste Schutz gegen Hoaxes und Imposter Content ist und bleibt gesunder Menschenverstand: Frag dich selbst bei jeder E-Mail, bei jeder Nachricht und bei jedem Post, wie glaubhaft und plausibel der jeweilige Inhalt ist. Beim kleinsten Hoax-Verdacht solltest du keinesfalls auf den »Weiterleiten«-, »Teilen«- oder »Gefällt mir«-Button klicken. Im Zweifelsfall kannst du das vermeintlich Unglaubliche zunächst einmal bei Google oder einer anderen Suchmaschine gegenchecken. Wenn der behauptete Skandal nur in wenigen Blogs und Foren vorkommt, aber in keinem seriösen News-Portal auffindbar ist, beträgt die Hoax-Wahrscheinlichkeit nahezu hundert Prozent.

Abbildung 3.1 Beispiele für Betrugsmails

Aufklärung ist oft der beste Schutz. Informiere daher unbedingt den Absender der Hoax-Mail darüber, dass er einem üblen Scherz zum Opfer gefallen oder einer Falschmeldung auf den Leim gegangen ist, solange der Absender dir bekannt ist. Beim Phishing gilt auch: Sieh genau hin! Überprüfe die Absenderadresse und die URL. Hinzu kommt: Seriöse Dienstleister werden dich nicht nach sensiblen Daten fragen oder per Social Media kontaktieren. Auch bei Gewinnspielen solltest du dich immer fragen, ob es sich wirklich um den Initiator des Gewinnspiels handelt und nach welchem Verfahren der Gewinner ausgelost wird. Meist steckt nämlich kein Team hinter der Aktion, und der Influencer markiert den Gewinner oder schreibt euch direkt von seinem Profil an, dem ihr ohnehin folgt.

Prüfe außerdem die Seriosität des Absenders, indem du nachschaust, ob dieser ein Impressum oder eine Homepage besitzt. Gibt es einen Ansprechpartner, mit dem du in Kontakt treten kannst? Ist die Adresse des Unternehmens plausibel? Wenn all diese Informationen fehlen, deutet viel auf einen Betrug hin.

Klatsch und Tratsch

Hast du schon gehört? Der Content Creator und Influencer keinfakenews macht 1,5 Millionen bis 4 Millionen Dollar im Jahr. Steht sogar im Internet!

Zugegeben: Ich war selbst überrascht, als ein Follower mich fragte, ob ich tatsächlich so viel Geld machen würde. Der Fan war im Internet über diese Meldung gestolpert. Ihr kennt sicher diese Seiten, die Informationen über Menschen, die in der Öffentlichkeit stehen, sammeln und auch Auskunft über das geschätzte Jahreseinkommen geben.

Ich war erstaunt, wie viele der zusammengetragenen Informationen tatsächlich richtig waren. Mein Geburtsort und mein Sternzeichen stimmten, aber mit 1,77 Metern wurde ich dann doch etwas größer gemacht, als ich eigentlich bin – und

keinfakenews Net Worth

We show you how much is the Real Net Worth of keinfakenews, The Salary of keinfakenews. Details have been updated below. See, **How Rich is keinfakenews** in 2022?

keinfakenews Estimated Net Worth 2022:

$1.5Million – $4 Million

keinfakenews Salary	**$200K – $800K**
keinfakenews Income Source	**Primary Income source TikTok Star (profession).**

keinfakenews is one of the successful Celebrity. Has ranked on the list of those famous people who were born on May 4, 1993. income source is mostly from being a successful TikTok Star.

Abbildung 3.2 Fake News über mich

mein dort angegebenes Gewicht war auch auf eine sehr schmeichelnde Art und Weise gut gemeint.

Aber das Witzigste an dieser Seite war mein angeblicher Verdienst. Die Überschrift klang vielversprechend: Laut der

Seite hatte ich ein geschätztes Vermögen zwischen 1,5 Millionen bis 4 Millionen und einen geschätzten Jahreslohn von 200 000 bis 800 000 US-Dollar.

Ich weiß bis heute nicht, wie diese Summen zustande kamen. Vielleicht wurden sie über meine TikTok-Reichweite geschätzt? Der Wahrheit entsprechen sie leider noch nicht. Was ich damit sagen will, ist, dass mich für diesen Artikel niemand nach Informationen gefragt hat. Stattdessen wurde einfach etwas behauptet und ins Internet gestellt. Um die Glaubwürdigkeit zu steigern, wurden die falschen Behauptungen mit richtigen Fakten wie meinem Sternzeichen oder meiner Größe angereichert.

Klatsch und Tratsch dienen dazu, Klicks zu generieren oder die Verkäufe der Magazine, die derlei Dinge publizieren, anzukurbeln. Das gilt auch für Gerüchte, Spekulationen oder schlichtweg Falschmeldungen, die sich auf Prominente oder andere berühmte Personen beziehen. Und sie können in allen Formaten auftreten, seien es Nachrichten, Blogs oder andere Medien. Je bekannter eine Person, desto mehr Dinge werden ohne Hinzunahme von Quellen behauptet. Und je wilder die Story, desto interessanter für die Lesenden. Aber: Warum interessiert uns der Klatsch und Tratsch über andere Menschen eigentlich so sehr? Darum wird es im nächsten Kapitel gehen.

Satire oder Parodie

Falschmeldungen können auch in Form von Satire, Scherzen oder Parodien in Artikeln, Videos oder anderen digitalen Inhalten auftreten. Obwohl die Macher dieser Meldungen und Publikationen in der Regel keine bösen Absichten verfolgen, können sie dennoch zu Verwirrung und Missverständnissen führen, wenn Menschen sie für echt halten und weiterverbreiten. Es ist wichtig, sorgfältig zu prüfen, ob eine Nachricht tatsächlich satirisch ist, bevor man sie teilt oder glaubt. Denn das Essenzielle an Satire ist der Rahmen, in dem sie stattfindet. Wenn man einen Teil eines Satirewerks, wie zum Beispiel einen Videoabschnitt oder die Satire selbst, herausschneidet, wird dies nicht mehr eindeutig als Satire gekennzeichnet, wodurch der Kontext verloren geht. Dadurch ist es schwierig zu erkennen, ob die dargestellten Informationen tatsächlich der Realität entsprechen oder nicht.

Ein Beispiel dafür ist ein Video, das auf TikTok im Oktober 2020 verbreitet wurde. Darin zitiert und zeigt eine Person einen Ausschnitt aus einem Zeitungsartikel, der besagt, dass Ärzte empfehlen, die medizinische Coronamaske nachts beim Schlafen am Hinterkopf zu tragen, um Segelohren zu vermeiden.[13] In den Kommentaren unter dem Video fanden sich einige Personen, die darüber empört waren, selbst beim Schlafen die Coronamaske zu tragen. Das Problem: Das Masken-Schlaf-Video wurde nicht als Satire gekennzeichnet – die Creatorin des Videos wusste offensichtlich selbst nicht, dass es sich bei dem Zeitungsartikel, auf den sie sich berief, um Satire handelte. In einem Aufklärungsvideo erklärte ich daher, dass es sich hierbei um einen Beitrag der bekannten Satireseite »Der Postillon« handelte, die mit dem Artikel Maskengegner auf die Schippe nehmen wollten, die das unangenehme

Ziehen beim Maskentragen als Rechtfertigung für das Nichttragen nutzten.

Ein weiteres Beispiel für diese Art von Missverständnis ist ein Artikel, der pünktlich zum Jahreswechsel immer wieder auf Social Media auftaucht und folgendermaßen betitelt ist: »ENDLICH: EU-Standard-Chip EPS ersetzt Personalausweis«. Doch auch hierbei handelt es sich um Satire. Aber um das zu erkennen, muss man sich schon die Quelle des Artikels anschauen. Er stammt nämlich von der »NEUEN WELT-PRESSE«.[14]

»Online Nachrichten seit 1492« heißt es auf der Facebook-Seite des Portals. 1492? Ja, ganz richtig gelesen. Und genau an dieser augenzwinkernden Selbstbeschreibung erkennt man, dass es sich hierbei um eine Satireseite handelt.

Clickbait

Clickbait – das ist dieses kleine, aber hinterhältige Wort, das uns alle schon einmal in unserem Newsfeed begegnet ist. Du weißt schon, diese Art von Schlagzeile, die dich dazu bringen will, auf einen Link zu klicken, indem sie dich mit Versprechungen wie »Du wirst nicht glauben, was in diesem Video passiert!« oder »So wirst du reich!« oder »Die Welt geht wegen XY unter!« lockt.

Aber warum sind wir eigentlich so erschreckend anfällig für Clickbait? Nun, zum einen sind wir alle neugierig und wollen wissen, was hinter diesen verlockenden Schlagzeilen steckt. Zum anderen sind wir von Natur aus darauf programmiert, auf Dinge zu reagieren, die uns als exklusiv präsentiert werden und den Impuls auslösen, dass man bloß nichts verpassen darf. Dieses Phänomen wird auch als *fear of missing out*, kurz: FOMO, bezeichnet.

Clickbait nutzt diese menschlichen Eigenschaften geschickt aus, um uns dazu zu bringen, auf einen Link zu klicken, und damit Traffic auf eine Website zu lenken.

Aber was passiert, wenn du auf den Link klickst? Das ist der Moment, in dem die Clickbait-Maschine ihre wahre Natur offenbart. Oft wirst du enttäuscht feststellen, dass der Inhalt, auf den du so neugierig warst, entweder völlig nutzlos oder schlichtweg übertrieben war.

»Oh, die Welt geht doch nicht unter, da der Asteroid, der auf die Erde fliegt, mehrere Tausend oder Millionen Kilometer an der Erde vorbeifliegt«, heißt es dann. Oder du wirst, noch schlimmer, mit einer Flut von Werbung oder sogar gefährlicher Malware, schädlicher Software, die heimlich Computersysteme infiltriert oder schädigt, konfrontiert.

Das ist der Grund, warum Clickbait so umstritten ist. Es kann frustrierend sein, auf einen Link zu klicken und festzustellen, dass der Inhalt nicht das ist, was du erwartet hast. Es kann auch dazu führen, dass du vertrauenswürdigen Inhalten skeptischer gegenüberstehst, da du befürchtest, dass du möglicherweise auf Clickbait hereingefallen bist. Wenn wir also das nächste Mal eine verlockende, sensationelle, panikverursachende oder aber eine vielleicht zu gut klingende Schlagzeile sehen, sollten wir uns zweimal überlegen, ob wir auf den Link klicken oder uns stattdessen für qualitativ hochwertigen Content entscheiden.

Auch Influencer nutzen oft reißerische Titel und Thumbnails (die großen Coverbilder auf YouTube), damit du auf das Video klickst und es anschaust. Fake News tendieren zu sehr polarisierenden oder auch sensationellen Titeln, die mit deinen Emotionen spielen. Auch auf TikTok, Instagram und Facebook fangen Beiträge und Videos oft mit Sätzen an wie: »Achtung, XY wird passieren« – der einzige Grund dafür ist, deine Aufmerksamkeit zu erhalten, damit du dir das Video bis zum Schluss anschaust oder den Beitrag liest. Denn so geht das Video oder der Beitrag viral.

Wo wir gerade beim Thema sind: Clickbait-Headlines spiegeln in manchen Fällen nicht den eigentlichen Inhalt eines Artikels wider, weshalb dieser dann als eine irreführende Meldung gilt. So kann eine Überschrift »Asteroid XY crasht auf Europa« lauten, aber in dem hinter dem Link verborgenen Artikel wird beschrieben, dass Forscherinnen und Forscher eine Simulationsübung durchgeführt haben, die sich der Frage widmet, was passieren würde, wenn ein Asteroid eine bestimmte Flugbahn einnimmt und theoretisch in Europa einschlagen würde. Die Überschrift ist irreführend und spielt mit den Emotionen der Lesenden, da man diese als reales Ereignis interpretiert und aus Neugier, aber auch aus Angst weiterlesen möchte.

»Doctored« oder manipulierter Inhalt

Der Begriff »doctored content« bezieht sich auf Inhalte, die absichtlich verändert oder manipuliert wurden, um eine bestimmte Botschaft oder Agenda zu vermitteln. Doctored content (gefälschter Inhalt) kann in vielen Formen auftreten – wie zum Beispiel als bearbeitete Fotos oder Videos, gefälschte Dokumente oder sogar gefälschte Zitate. Das können erfundene Einzelschicksale, begangene Straftaten oder einfach Geschichten sein wie die der angeblichen Parasiten in FFP2-Masken. Erfundene Inhalte weisen keine Quellen auf, anhand derer man ihren Wahrheitsgehalt überprüfen könnte. Oft handelt es sich um leere Behauptungen, die einer größeren Verschwörungsideologie in die Karten spielen. Aber sie können auch allein und für sich stehen, und versuchen, Emotionen beim Empfänger zu wecken.

Eine häufige Form von doctored content ist die Veränderung von Fotos oder Videos durch Bearbeitungssoftware. Dies kann dazu führen, dass Menschen oder Situationen in einem anderen Licht dargestellt werden. Doctored content kann auch durch die Verwendung von gefälschten Dokumenten oder Zitaten erstellt werden, um eine bestimmte Meinung oder Ansicht zu unterstützen.

Diese Art von Content kann schwerwiegende Auswirkungen haben, da er die Fähigkeit der Menschen, die Wahrheit zu erkennen und zu verstehen, beeinträchtigt. Er kann zu Missverständnissen und Konflikten führen und das Vertrauen der Öffentlichkeit in die Medien und andere Informationsquellen untergraben. Daher ist es wichtig, kritisch zu sein und die Glaubwürdigkeit von Inhalten zu überprüfen, bevor man sie glaubt oder weiterverbreitet.

Pseudowissenschaft

Pseudowissenschaft ist wie die schlechte Imitation eines wissenschaftlichen Konzepts. Auf den ersten Blick scheint alles wissenschaftlich fundiert, aber wenn man genauer hinsieht, gibt es keine wirklichen Beweise oder Fakten, um die Behauptungen zu unterstützen. Oft gibt es Themen, die außerhalb der etablierten Wissenschaft liegen, die von Pseudowissenschaftlern aufgegriffen werden, wie zum Beispiel Esoterik oder Parapsychologie. Aber manchmal findet sich die Pseudowissenschaft auch in etablierten Wissenschaftsbereichen wie der Medizin oder Psychologie.

Eines der Hauptmerkmale von Pseudowissenschaft ist, dass sie sich nicht an wissenschaftliche Methoden und Prinzipien hält. Sie ignoriert Ergebnisse, die ihre Theorien widerlegen, und verlässt sich stattdessen auf Spekulationen und unbelegte Behauptungen. Oft sind pseudowissenschaftliche Inhalte von emotionalen oder ideologischen Überzeugungen motiviert und leugnen das Vorhandensein von Widersprüchen oder Lücken in ihren Argumenten.

Jedoch können nicht alle Ideen, die sich als wissenschaftlich präsentieren und von der etablierten Wissenschaft nicht anerkannt werden, automatisch als Pseudowissenschaft betrachtet werden. Manchmal gibt es neue Ideen, die tatsächlich wissenschaftlich valide sind, aber sie müssen erst durch Forschung und Experimente untersucht und bestätigt werden, bevor sie Teil der etablierten Wissenschaft werden. Deshalb ist es wichtig, immer eine kritische Haltung zu haben und sicherzustellen, dass wissenschaftliche Ansprüche durch gültige Beweise und Methoden gestützt werden, bevor man sie akzeptiert. Hierzu gehört auch jeglicher Versuch, Horoskope wissenschaftlich zu erklären.

Behauptung: ***Nahrungsergänzungsmittel heilen Krebs!***

Du brauchst keine Fake News!

Auf Social Media verbreitet der eine oder andere Influencer oder Ernährungscoach, dass bestimmte Nahrungsergänzungsmittel gegen COVID-19 helfen sollen oder gar Krebs heilen. Es heißt dann, Pharmakonzerne wollten dir diese Methoden vorenthalten und die Schulmedizin sei ohnehin böse.

Das ist völliger Schwachsinn und dazu auch noch gefährlich. Rein rechtlich gesehen gelten Nahrungsergänzungsmittel nicht als Arzneimittel.[15] Auch können solche illegalen Heilversprechen dazu führen, dass man den Weg zum Arzt oder zur Therapie meidet und ausschließlich auf alternative Medizinmethoden zurückgreift. Doch das Ganze ist frei von Evidenz, und was bleibt, sind gefährliche Behauptungen und Scharlatanerie, bei der Kapseln an Menschen verkauft werden, die sich um ihre Gesundheit oder die eines Familienmitglieds sorgen und leichtgläubig oder aus Verzweiflung und Hoffnung auf derartige Versprechen hereinfallen. Außerdem gibt es auch Risiken bei der Einnahme von Nahrungsergänzungsmitteln ohne ärztliche Aufsicht. Ein Mangel oder Übermaß an Nährstoffen kann dem Körper schaden.[16]

Creepy Pasta

Creepy Pasta ist ein Begriff, der sich auf gruselige, unheimliche oder horrorähnliche Kurzgeschichten im Internet bezieht. Diese Geschichten werden oft in Foren oder auf Social-Media-Plattformen geteilt und verbreiten sich schnell durch Mundpropaganda oder das Teilen in sozialen Netzwerken.

Creepy Pastas haben ihren Ursprung in den frühen Tagen des Internets und sind mittlerweile ein fester Bestandteil der Internetkultur geworden. Sie werden als wahre Geschichten präsentiert, obwohl sie in der Regel fiktional sind. Viele Creepy Pastas basieren auf urbanen Legenden oder Mythen und sind dafür bekannt, dass sie gruselig, verstörend oder beunruhigend sind. Einige bekannte Beispiele sind die Geschichte von »Slender Man«, »Candle Cove« und die Legende von »The Rake«. Diese Geschichten haben sich im Laufe der Jahre zu echten Internetphänomenen entwickelt und werden immer noch von vielen Menschen gelesen und geteilt.[17] Schaut doch mal, was ihr online dazu findet.

Obwohl Creepy Pastas in der Regel der Unterhaltung dienen, haben sie auch kontroverse Aspekte. So enthalten einige Creepy Pastas verstörende, gewalttätige oder grausame Szenen, die nicht für jedes Publikum geeignet sind, insbesondere nicht für jüngere Leserinnen und Leser und Menschen, die anfällig für Angstzustände sind. Da Creepy Pastas oft auf realen Orten, Ereignissen oder Personen basieren, können sie Fehlinformationen oder Gerüchte verbreiten, die zu Missverständnissen oder unangemessenen Reaktionen führen. In seltenen Fällen haben Creepy Pastas Menschen in der realen Welt zu unangemessenen oder gefährlichen Taten angestiftet, wie im Fall des Slender-Man-Vorfalls, bei dem ein 15-jähriges Mädchen aus den USA gemeinsam mit einer Freundin 19-mal auf eine Klassenkameradin eingestochen hat, weil sie sich von Slender Man zu dieser blutigen Tat angestachelt gefühlt haben. Die beiden Mädchen gaben an, dass ihre Wahnvorstellungen und Furcht vor dem Slender Man das Tatmotiv waren. Das Opfer überlebte die Messerattacke.[18]

Falscher Kontext

Damit sind echte Nachrichten gemeint, die falsch dargestellt oder verfälscht werden, um die Meinung der Öffentlichkeit zu beeinflussen oder zu manipulieren. Das kann durch das Entfernen wichtiger Informationen, das Hinzufügen von falschen Details oder das Verdrehen von Informationen passieren. Dies kann absichtlich oder unabsichtlich geschehen und dazu führen, dass die Informationen missverstanden oder falsch interpretiert werden. Ein Beispiel für falschen Kontext wäre ein Artikel, der eine Person oder ein Ereignis in einem negativen Licht darstellt, indem er Zitate oder Aussagen aus dem Zusammenhang reißt.

Falscher Kontext kann in vielen Bereichen auftreten, einschließlich der Politik, der Nachrichtenberichterstattung und sogar in persönlichen Konversationen, wenn man etwas falsch wiedergibt. Sicherlich kennst du das Kinderspiel »Stille Post«. Ganz ähnlich wie in dem Flüsterspiel kann eine Nachricht auch im echten Leben falsch wahrgenommen und interpretiert und weitererzählt werden. Wir versuchen diesen Informationsverlust, der dabei entsteht, irgendwie mit unseren Gedanken zu schließen.

Man kann das Ganze auf spielerische Weise ausprobieren. Lies den nachfolgenden Text sorgfältig durch und versuche, so viel wie möglich im Gedächtnis zu behalten. Dein Ziel ist es nun, diese Geschichte einem Freund oder einer Freundin wiederzugeben. Während der Erzählung sollten keine Rückfragen gestellt werden, da dies bei Nachrichten normalerweise auch nicht möglich ist. Danach soll der Empfänger oder die Empfängerin der Nachricht seiner- oder ihrerseits die Geschichte an jemand anderen weitergeben, und so weiter, bis die Geschichte insgesamt etwa fünfmal weitergegeben wurde.

Liebe Mama, lieber Papa,
verzeiht mir bitte, dass ich so lange nichts von mir hören lassen habe. Nun, da ich Euch endlich schreibe, bitte ich Euch, setzt Euch zuerst hin und bleibt ruhig, während Ihr diesen Brief lest. Versprochen?
Nun, ich möchte Euch erzählen, dass es mir hier im Internat recht gut geht. Wie Ihr wisst, habe ich mich dem Schauspielklub angeschlossen. Bei einer unserer Aufführungen hatte ich einen Unfall, bei dem ich von der Bühne gefallen bin und mir dabei das Bein gebrochen habe. Ich war für einige Tage im Krankenhaus und bin mittlerweile wieder auf den Beinen – wenn auch noch mit Krücken.
Während meiner Zeit im Krankenhaus habe ich einen netten jungen Mann kennengelernt, der ebenfalls Schauspieler ist und im Krankenhaus als Clown arbeitet, um den Patienten ein Lächeln

ins Gesicht zu zaubern. Er hat mich jeden Tag besucht, und wir haben uns ineinander verliebt. Nachdem ich aus dem Krankenhaus entlassen wurde, hat er mir vorgeschlagen, zusammenzuziehen. Seine Wohnung ist zwar klein, aber gemütlich. Wir sind so glücklich miteinander und möchten bald heiraten.

Ja, Mama und Papa, wir haben uns bereits verlobt. Ich weiß, Ihr seid überrascht und werdet Euch sicherlich Sorgen machen. Aber keine Angst, wir haben alles im Griff. Wir planen, in einem kleinen Kreis zu heiraten, und ich werde meine Schule fortsetzen.

So, jetzt, wo ich Euch das alles erzählt habe, muss ich gestehen: Es ist alles nur eine Geschichte. Ich bin nicht von der Bühne gefallen, hatte keinen Beinbruch, war nicht im Krankenhaus und habe auch keinen Schauspieler kennengelernt. Ich bin nicht verlobt und ziehe mit niemandem zusammen.

Allerdings habe ich zwei Klassenarbeiten verhauen, darunter eine Fünf in Englisch und eine Sechs in Chemie, und stehe kurz davor durchzufallen. Ich hoffe, Ihr seht meine schulischen Schwierigkeiten in einem anderen Licht, nachdem Ihr diese Geschichte gelesen habt.

Eure Tochter Enola

Nachdem die Geschichte fünfmal weitergegeben wurde, wirst du bemerkt haben, dass lediglich ein Teil der Informationen erhalten geblieben ist oder sogar einige Details ausgelassen oder hinzugefügt wurden, die ursprünglich nicht im Text standen. Genau diesen Effekt haben auch Nachrichten, bei denen von einer Weitergabe zur nächsten immer weniger Inhalte der ursprünglichen Quelle enthalten sind und dadurch mehr zu Halbwahrheiten oder Fake News werden und im falschen Kontext stehen.

Um falschen Kontext zu vermeiden, ist es wichtig, sorgfältig zu recherchieren und sicherzustellen, dass man die gesamte Geschichte oder den Kontext einer Information versteht, bevor man sie verwendet oder weitergibt. Außerdem sollte man stets kritisch denken und sich bewusst machen, dass Informationen manchmal absichtlich verzerrt oder verfälscht werden, um eine bestimmte Agenda zu fördern oder Meinungen zu beeinflussen.

Gesponserte Inhalte

Es gibt Organisationen oder deren Vertreter, die versuchen, wie echte Redaktionen auszusehen und ihre Nachrichten an eine breite Masse zu verbreiten. Wie macht man das am einfachsten und schnellsten? Genau: Man schaltet Werbung und kann somit eine spezifische Zielgruppe auswählen. Das Problem: Man erkennt nicht immer auf den ersten Blick, dass ein Inhalt gesponsert wurde oder Teil einer Werbung ist.

Auch ist Werbung nicht gleich Werbung. Gerade auf Social Media kann ein Interesse darin bestehen, eine öffentliche Meinung durch Werbung zu beeinflussen. So nutzen etwa immer mehr Politikerinnen und Politiker Social Media, und auch Parteien schalten dort während des Wahlkampfs Werbung.[19]

Fehler

Egal wie seriös eine Redaktion ist, egal wie viel Wert auf Qualitätsmanagement im Prozess gelegt wird: Wo Menschen arbeiten, entstehen auch Fehler. Denn Fehler zu machen ist menschlich. Und so normal das auch ist, kann ein Fehler die Glaubwürdigkeit einer Redaktion verletzen und Rechtsstreitigkeiten nach sich ziehen. Seriöse Organisationen stellen die Fehlinformation und den Fehler im Anschluss richtig und entschuldigen sich in der Öffentlichkeit.

Ein Beispiel: Am 13. Juni 2022 wird in den 20-Uhr-Nachrichten der *Tagesschau* über einen Angriff auf die ostukrainische Stadt Donezk durch Russland berichtet, bei dem auf einem Markt angeblich Zivilisten getötet wurden. Die Nachrichtenagentur Reuters meldete jedoch einen Angriff durch ukrainische Truppen. Die *Tagesschau*-Sendung, die nach der Ausstrahlung in der Mediathek abrufbar war, wurde nachträglich bearbeitet und der Hinweis auf einen »russischen Angriff« entfernt.[20]

Wie gesagt, auch unbeabsichtigte Fehler können Folgen haben, und genau diese Fehler werden von vielen Gruppierungen und Verschwörungsideologien genutzt, um zu zeigen, dass beispielsweise die öffentlich-rechtlichen Medien hierzulande Fake News verbreiten, was völliger Nonsens ist. Denn es macht einen großen Unterschied, ob ein seriöser Nachrichtensender, welcher nur äußerst selten Fehler begeht, sich dafür entschuldigt und eine Richtigstellung vornimmt oder ob man mit böser Intention Verschwörungserzählungen und Desinformationen im Netz verbreitet. Auch ich bin ein Mensch, und trotz meiner Bemühungen, in meinen Videos oder in diesem Buch korrekte Informationen bereitzustellen, können Fehler auftreten. In solchen Fällen bemühe ich mich, die Unstimmigkeiten in einem weiteren Beitrag zu klären.

Verschwörungstheorien/-erzählungen

Das Thema Verschwörungstheorien ist so umfangreich, dass ich mich in diesem Buch entschieden habe, ihm ein ganzes Kapitel zu widmen.

Falsche Verbindungen oder falsche Zuordnung

Falsche Verbindungen sind Falschmeldungen, die sich auf ein bestimmtes Ereignis, eine bestimmte Person oder einen bestimmten Ort beziehen, aber tatsächlich nicht mit ihm verbunden sind. Diese Art von Fake News kann dazu führen, dass Menschen falsche Vorstellungen über bestimmte Dinge haben und sich in ihrem Verhalten oder ihren Entscheidungen danach richten.

Überschriften und Bilder, die nicht zum Artikel bzw. Bericht passen, erzeugen ebenfalls eine falsche Verbindung, beispielsweise kursierte ein Ausschnitt der Sendung *Bild TV*, in dem eine riesige Explosion zu sehen ist – im Zusammenhang mit der Berichterstattung über den Krieg in der Ukraine. Im Untertitel des Videos steht: »Russen kämpfen sich nach Kiew vor«. Jedoch zeigten die Bilder eine Explosion in Tianjin (China) aus dem Jahr 2015. *Bild TV* brachte die Bilder mit dem Krieg in der Ukraine fälschlicherweise zusammen.[21]

Falsche Zuordnung meint das Zusammenführen von zwei oder mehr Variablen, die aber keinen oder keinen direkten Zusammenhang haben und eher durch einen anderen Faktor erklärt werden – eine sogenannte dritte Variable. Ein Beispiel dafür ist der Aktienverlust von Coca-Cola durch Cristiano Ronaldo.

Behauptung: ***Cristiano Ronaldo lässt die Coca-Cola Aktie abstürzen.***

Du brauchst keine Fake News!

Oder besser SUUIII

Cristiano Ronaldo, der nach dem Wechsel zum Verein Al-Nassr in Saudi-Arabien der bestbezahlte Spieler der Welt mit umgerechnet 200 Millionen Euro im Jahr ist,[22] spielt auch für Aktien-Anleger von Coca-Cola eine große Rolle. Zumindest verkauften viele Anleger ihre Aktien, nachdem sie sahen, wie Ronaldo während einer Pressekonferenz seine Coca-Cola-Flasche vom Tisch weggestellt hat und stattdessen eine Wasserflasche zu sich zog, was den Eindruck erweckte, dass Ronaldo aufgrund seines Gesundheitsbewusstseins, seiner persönlichen Präferenz oder wegen Unzufriedenheit mit dem Sponsor nicht hinter der Marke steht, was negative Auswirkungen auf die Reputation von Coca-Cola mit sich bringt.

So schien es zwar, aber so leicht lässt sich eine falsche, zufällig am gleichen Tag stattfindende Verbindung herstellen. An diesem Tag wurde die Coca-Cola-Aktie ohne das Recht auf Dividende gehandelt, was normal ist bei Unternehmen, die Dividenden ausschütten. Ohne Dividende ist die Aktie weniger wert. Coca-Cola zahlt jedes Quartal Dividenden, in diesem Fall 42 Cent pro Aktie am 1. Juli. Der Abschlag wurde mit Ronaldos Durst nach Wasser in Verbindung gebracht.[23]

Korrelation bedeutet nicht Kausalität

Eine weitere Form der falschen Zuordnung ist die Scheinkorrelation. Damit sind Beziehungen oder Verbindungen zwischen zwei oder mehr Variablen gemeint, die auf den ersten Blick wichtig oder bedeutsam erscheinen, aber in Wirklichkeit keine tatsächliche Verbindung aufweisen. Sie können aufgrund von Zufällen, Fehlern in der Datenerfassung oder fehlerhaften Schlussfolgerungen entstehen. Während meines Psychologiestudiums habe ich kaum einen Satz häufiger gehört als »Correlation is not Causation« – sprich: Nur weil ein Zusammenhang besteht, ist noch nicht klar, in welche Richtung dieser Zusammenhang geht und ob es nicht vielleicht sogar drei Variablen gibt. Führt A zu B oder B zu A oder ist es C, welches sowohl A als auch B bestimmt oder A nur durch C auf B einwirkt oder auch andersrum? Natürlich gibt es einige statistische Methoden, die dazu beitragen, drei Variablen auszuschließen und oder eine Richtungstendenz anzugeben.

Es ist an der Zeit, unsere Reise durch die Welt der Fake News fortzuführen. Wir haben uns mit den verschiedenen Typen von Fake News befasst – von Satire und Parodie bis hin zu Creepy Pasta – und haben gesehen, wie sie sich auf die Öffentlichkeit auswirken können. Lass uns abschließend in diesem Kapitel noch einen Blick auf zwei lustige und unterhaltsame Scheinkorrelationen werfen, Abbildungen 3.3 und 3.4.

Solche Scheinkorrelationen sollten immer mit einer gehörigen Portion Humor betrachtet werden. Bevor man also

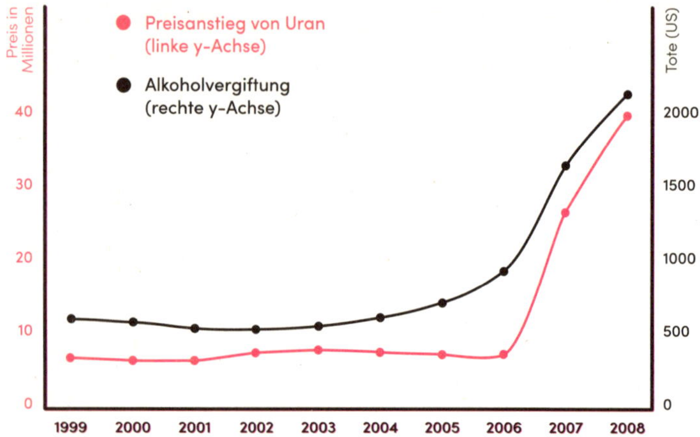

Abbildung 3.3 Scheinkorrelation zwischen dem Preisanstieg von Uran und Alkoholvergiftung

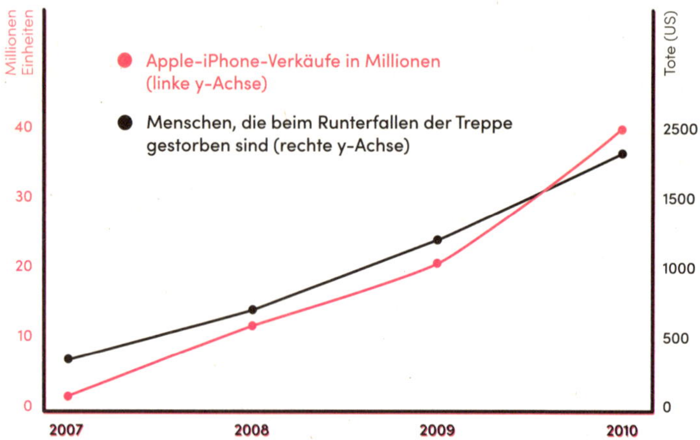

Abbildung 3.4 Scheinkorrelation zwischen iPhone-Verkäufen und Menschen, die beim Runterfallen der Treppe gestorben sind

Schlussfolgerungen zieht, sollte man die Kausalitätskette und die Beweise berücksichtigen. Auf diese Weise können wir sicherstellen, dass wir gut informiert sind und dass unsere Entscheidungen auf soliden Fakten basieren. ×

4

LÜGNER ERKENNEN WIE BEI PINOCCHIO

In der Geschichte *Pinocchio* von Carlo Collodi wächst jedes Mal die Nase von Pinocchio, einer vom Holzschnitzer Geppetto erschaffenen Marionette, wenn er lügt. Die wachsende Nase ist ein Symbol für Unaufrichtigkeit. Wenn es doch im echten Leben so einfach wäre ...

Lügen sind ein Teil des menschlichen Verhaltens, das seit Jahrhunderten untersucht wird. Sie werden oft als negative Handlung betrachtet, die andere Menschen täuscht oder ihnen schadet. Aber die Natur des Lügens ist viel komplexer. Lügen können aus verschiedenen Gründen erzählt werden – aus einem Bedürfnis nach Selbstschutz bis hin zu dem Wunsch, andere Menschen zu schützen. Sie können auch dazu beitragen, die Beziehungen zwischen Menschen zu stärken, indem sie dabei helfen, dass sich Menschen besser verstehen und miteinander verbinden.

In diesem Kapitel werden wir uns damit befassen, wie die Natur des Lügens untersucht wird und was wir über die Gründe und Auswirkungen von Lügen wissen. Denn je mehr wir die Natur des Lügens verstehen, desto besser wissen wir, wie wir in Zukunft mit Lügen in Form von Fake News umgehen.

Fangen wir mit einer Denkaufgabe an, die auf den Psychologen Peter C. Wason zurückgeht, um unser logisches Denken zu testen.[1]

Vor dir liegen vier Karten. Es sind vier Karten, von denen jede auf der einen Seite eine Zahl und auf der anderen Seite eine Farbe zeigt. Folgende Karten sind gegeben: 1, 2, grau und magenta. Deine Aufgabe ist es, herauszufinden, welche Karte umgedreht werden muss, um den Wahrheitsgehalt des folgenden Satzes zu prüfen: »Wenn eine dieser Karten auf der einen Seite eine gerade Zahl hat, dann ist ihre andere Seite grau.« Welche Karte würdest du umdrehen? Bedenke dabei, nur Karten umzudrehen, die nötig sind, um die Regel zu prüfen.

Ist gar nicht so einfach, oder? Diese Aufgabe kann von fast 87,5 Prozent der Menschen, die sich an der Lösung versuchen, nicht gelöst werden. Falls du zu den 12,5 anderen Prozent gehörst, hast du ein sehr ausgeprägtes abstraktes Denken. Doch bevor wir zur Auflösung kommen, versuchen wir mal dem Ganzen einen thematischen Kontext zu geben.

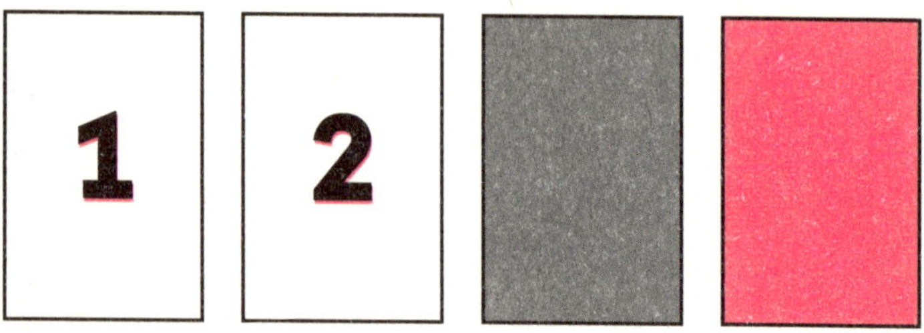

Abbildung 4.1 Wason Selection Task

Nehmen wir an, du arbeitest in einer Bar und möchtest vermeiden, dass jemand Minderjähriges etwas Alkoholisches trinkt. Somit hast du folgende Regel aufgestellt: »Wenn jemand Alkohol trinkt, muss er mindestens 18 Jahre alt sein.« Von deinem Platz hinter der Bar aus kannst du vier Personen beobachten. Eine Person, die eine Cola trinkt (du kannst nicht sehen, wie alt die Person ist), eine Person, die ein Bier trinkt (du kannst nicht sehen, wie alt diese Person ist), eine 35-jährige Person (du kannst nicht sehen, was diese Person trinkt) und einen 16-jährigen Jugendlichen (du kannst nicht sehen, was diese Person trinkt). Welcher dieser vier Personen muss überprüft werden, um sicherzustellen, dass deine Regel befolgt wird?

Kommen wir zur Auflösung: Wichtig ist es, die Person zu kontrollieren, die das Bier trinkt. Die Person mit der Cola müssen wir nicht kontrollieren, da das Alter dafür in deiner Bar egal wäre. Auch beim 35-jährigen Erwachsenen spielt das Getränk keine Rolle. Jedoch überprüfst du zusätzlich, was der 16-jährige Jugendliche trinkt.

Kommen wir zurück zu der eigentlichen Aufgabe. Die richtige Antwort auf die Frage, welche Karte(n) du umdrehen

Abbildung 4.2 Wason Selection Task mit sozialem Kontext

würdest: Es sind die Karte mit der 2 und die pinke Karte. Denn die Karte mit der 1 muss nicht umgedreht werden, da sie nicht gerade ist und somit den genannten Satz nicht auslösen kann. Die Karte mit der 2 ist gerade und muss also umgedreht werden, denn wenn die andere Seite nicht grau ist, ist der Satz nicht wahr.

Die graue Karte wählen viele, aber sie muss nicht umgedreht werden, denn wenn die andere Seite ungerade ist, dann wird der Satz nicht geprüft, und wenn die andere Seite gerade ist, dann stimmt das mit dem Satz überein, aber es beweist oder widerlegt nicht die Wahrheit des Satzes. Die pinke Karte muss umgedreht werden, denn wenn die andere Seite gerade ist, dann ist der Satz nicht wahr.

Die Bar-Aufgabe ist identisch zur ersten Aufgabe, aber fällt uns wesentlich leichter. Die meisten Personen können die zweite Aufgabe viel wahrscheinlicher lösen als die erste. Zum einen, weil ein thematischer Kontext gegeben ist. Einen weiteren Grund liefert die Psychologin Leda Cosmides: Sie geht davon aus, dass wir eine Art Betrüger-Erkennungsmechanismus-Modul im menschlichen Gehirn haben, das uns durch die Evolution in sozialen Interaktionen einen Vorteil verschafft. Denn für uns Menschen ist es sehr wichtig zu erkennen, wann wir betrogen und belogen werden.[2]

Die Theorie besagt, dass das menschliche Gehirn speziell dafür entwickelt wurde, in sozialen Interaktionen auf Betrug zu achten und entsprechend zu reagieren.

Um Betrug zu verhindern, wird das menschliche Gehirn bestimmte Strategien anwenden, wie zum Beispiel die Überwachung von Interaktionen und die Dokumentation von Verhaltensweisen, um zukünftigen Betrug zu verhindern.

Es gibt einige Kritik an der Theorie nach Cosmides. Einige Stimmen argumentieren, dass sich die Theorie zu sehr auf die Funktionen des Gehirns fokussiere und andere wichtige Faktoren wie kulturelle Normen und individuelle Persönlichkeiten vernachlässigt. Andere Kritiker argumentieren, die Theorie sei zu stark vereinfacht, weil sie davon ausgeht, dass das menschliche Gehirn ein einziges System für die Erkennung von Betrug hat, während es in Wirklichkeit möglicherweise mehrere Systeme gibt, die auf unterschiedliche Weise ihren Beitrag leisten.[3]

Ein weiteres Problem besteht darin, dass die Theorie nicht immer gut vorhersagen kann, wie Menschen in bestimmten Betrugssituationen reagieren. Es gibt Beispiele, in denen Menschen Betrug tolerieren oder sogar fördern, wenn sie davon profitieren, was nicht mit der Theorie in Einklang zu bringen ist. Trotz dieser Kritik bleibt die Theorie der Cheater-Detection-Mechanismen, wie sie im Englischen genannt werden, ein wichtiges Konzept in der Sozial- und Evolutionspsychologie und hat zu weiteren Forschungen und Theorien über Betrug und soziale Interaktionen beigetragen.

Der Pinocchio-Effekt

Wenn es uns einen evolutionären Vorteil gegeben hat, Betrug zu erkennen, wäre es natürlich sehr hilfreich von der Natur, wenn der Lügner und Betrüger physiologische Merkmale aufweisen würde, um genau das zu erkennen. Wie einfach würde es mir die Arbeit auf Social Media machen, wenn man direkt erkennen könnte, ob eine Person lügt und Fake News verbreitet. Doch gleichzeitig hätte es einen großen Nachteil für die lügende Person. Denn wenn das Lügen offensichtlich wäre, dann würde es heutzutage keinen Lügner mehr geben. Es wäre also kein adaptives Verhalten. Sprich, man würde die Lüge sofort identifizieren und das Lügen für den Lügenden somit keinen Vorteil bringen. Ein Pinocchio hätte in der Evolutionsgeschichte nicht überlebt, da seine Lügen sogleich bestraft worden wären. Wir Menschen lügen deshalb so erfolgreich, weil man es uns nicht ansieht. Unsere Beine schrumpfen nicht, und auch wächst unsere Nase dabei nicht. Oder etwa doch?

Europäische Wissenschaftlerinnen und Wissenschaftler haben zumindest eine physiologische Reaktion der Nase und Stirn entdeckt und sie nach ebenjener Marionette benannt. An der Legende mit der Nase scheint wohl doch etwas dran zu sein. Denn die Forscher fanden heraus, dass sich die Temperatur um die Nase und im Augenhöhlenmuskel in der inneren Ecke der Augen erhöht, wenn jemand lügt – es handelt sich um den sogenannten »Pinocchio-Effekt«.[4] Aber das ist noch nicht alles! Das Forschungsteam fand außerdem heraus, dass die Temperatur im Gesicht sinkt, sobald ein Mensch sehr viel nachdenkt, und im Gegensatz dazu ansteigt, wenn er Angst hat.[5]

All diese Erkenntnisse stammen aus einer Studie über Wärmebildgebungsverfahren, eine Technologie, die ursprünglich während des Zweiten Weltkriegs entwickelt wurde, um Feinde aufzuspüren. Heute wird sie in vielen Bereichen, von der Baubranche bis zur Medizin, eingesetzt. Mit Wärmebildkameras kann man Energieverluste in Gebäuden messen, Atemwegserkrankungen bei Rindern anzeigen und sogar Tollwut bei Waschbären feststellen. Der Pinocchio-Effekt wurde in einem Experiment getestet, bei dem sich die Probanden eine Lüge ausdachten und sie dann am Telefon einem Bekannten erzählten. Dabei sank die Nasentemperatur bei Lügnern um etwa ein Grad, während sich die Stirn leicht erwärmte. Je größer die Temperaturdifferenz zwischen Stirn und Nase, desto wahrscheinlicher war die Lüge.

Die Wissenschaftlerinnen und Wissenschaftler erklären ihre Beobachtungen damit, dass es für Menschen anstrengend ist, die Unwahrheit zu sagen, da es eine hohe kognitive Leistung erfordert und die Stirn sich ob der Anstrengung erhitzt. An exponierten Stellen im Gesicht, wie etwa der Nase, verhält es sich jedoch genau umgekehrt, da sich die Blutgefäße hier bei emotionaler Belastung zusammenziehen. In fünfundachtzig Prozent aller Fälle konnte die Lüge mit dieser Methode entlarvt werden. Es bleibt jedoch unklar, ob diese Technik auch bei anderen Arten von Lügen funktioniert.

Eines ist jedoch sicher: Die Wissenschaft ist auf dem besten Weg, der Wahrheit auf die Schliche zu kommen und uns dabei zu helfen, die Lügen anderer aufzudecken. Stell dir vor, du könntest einfach eine Wärmebildkamera auf jemanden richten und sofort wissen, ob sie oder er die Wahrheit sagt. Das würde das Leben doch um einiges einfacher machen, oder? Es ist aber wichtig zu betonen, dass derartige Forschungsergebnisse im Labor durchgeführt wurden und für die praktische

Anwendung im Alltag nicht zu gebrauchen sind. Dies zu behaupten wäre fachlich falsch. Denn in der Realität spielen viele weitere Faktoren eine Rolle, die im Laborexperiment vernachlässigt oder kontrolliert werden. Interessant ist es trotzdem.

Zudem ist der Pinocchio-Effekt nicht mit der sogenannten Pinocchio-Illusion[6] zu verwechseln. Bei ihr handelt es sich um eine Sinnestäuschung, die durch Vibrationen in bestimmten Muskelgruppen verursacht wird und die für eine vorübergehende Störung der Tiefenwahrnehmung sorgt. Dadurch kann man schwerer einschätzen, wo sich einzelne Körperteile befinden. Während dieser Illusion schätzen Menschen mit verbundenen Augen die Länge ihrer Nase sogar auf bis zu 30 Zentimeter!

Warum lügen wir eigentlich?

Jetzt haben wir schon so viel übers Lügen geredet und trotzdem noch gar nicht geklärt, warum wir eigentlich lügen. Tatsächlich gibt es dafür ziemlich viele Gründe. Zum einen lügen wir, um Hilfe von anderen zu bekommen. Zum anderen, um zu verheimlichen, dass wir Fehler gemacht haben. Denn oft wahrt Lügen unser Gesicht und unsere Reputation vor anderen. Und sicherlich hast du dich auch schon dabei erwischt, dass du lügst, weil du ein schlechtes Gewissen hattest.

Wer kennt es nicht: In der WhatsApp-Gruppe erscheint eine Nachricht wie: »Hey, wer hat morgen was vor? Wir wollen was unternehmen!« Du hast zwar vielleicht nichts vor, aber wärst trotzdem lieber zu Hause, um zu zocken, einen Film zu schauen und einfach nur Zeit auf der Couch zu verbringen. Du möchtest aber auch nicht, dass die anderen dich als Couch Potato sehen, und weiterhin eingeladen werden, wenn etwas ansteht. Genau in diesen Momenten tendieren wir dazu, uns eine Lüge auszudenken, und schieben eine Hausarbeit vor, die wir gar nicht schreiben müssen, oder sagen ab, weil wir angeblich auf den Geburtstag unserer Oma müssen.

Peinlich wird es, wenn man ebendiese Lüge ein anderes Mal bereits benutzt hat. So ein Lügenkonstrukt aufrechtzuerhalten ist ganz schön viel Arbeit für unser Gehirn. Denn wenn wir eine Lüge erzählen, muss es eine Erinnerung schaffen, um die Lüge zu stützen. Dies geschieht, indem es eine falsche Erinnerung erzeugt. Aus diesem Grund kann es auch passieren, dass eine erzählte Lüge immer realer für uns wird, weil wir sie immer häufiger erzählen. So rufen wir diese falsche Erinnerung, die wir abgespeichert haben, immer wieder auf und speichern sie erneut und stärker ab. Ein bisschen so, wie wenn wir Vokabeln wiederholen.

Dieser Abruf der Erinnerung – ganz egal, ob wahr oder falsch – erfordert eine Menge Energie und wird Retrieval genannt. Der Prozess findet dabei im sogenannten Hippocampus statt, das ist der Teil unseres Gehirns, der Informationen speichert. Hier werden auch emotionale Erinnerungen gespeichert, weshalb wir uns an Geschehnisse noch besser erinnern, wenn sie mit einer Emotion verbunden sind.[7]

Viele Expertinnen und Experten sind sich einig, dass Lügen tatsächlich, wie anfangs erwähnt, adaptiv sein kann und uns somit evolutionär einen Vorteil verschafft hat. Das sieht man auch deutlich in Kapitel 2, in dem ich davon erzählt habe, dass so manche historische Schlacht durch große Lügen »gewonnen« wurde.

Das Interessante daran: Wir werden nicht als Lügner geboren. Ganz im Gegenteil: Wenn man Kinder etwas fragt, erzählen sie oft die Wahrheit. Erst durch ihr soziales Umfeld lernen sie, dass die Wahrheit manchmal doch nicht so gerne gehört wird. Die meisten Menschen lügen ab und zu mal. Wir versuchen diese sogar durch unseren Wortschatz zu relativieren. Wir flunkern, wir erzählen Notlügen oder sind etwas unehrlich. Die Gründe, weshalb wir lügen, variieren je nach Persönlichkeit und Situation, in der wir uns befinden.

Wir lügen, wenn wir Angst verspüren, um uns selbst vor negativen Folgen wie Strafen, Kritik oder dem Verlust des Ansehens zu schützen. Die Lüge dient in solchen Fällen als eine Art Verteidigungsmechanismus.

Ein weiterer Grund für Lügen ist die Vermeidung von Konflikten. Sei es in der WG, wenn man vergessen hat, seinen Pflichten nachzugehen, und eine Ausrede benutzt – oder wenn wir in der Fußgängerzone um eine Spende gebeten werden und sagen, dass wir kein Bargeld dabeihaben, obwohl das gar nicht stimmt. Wir wollen vielleicht nur der unangenehmen Situation entkommen, ohne unhöflich zu wirken.

Lügen können auch durch den Wunsch verursacht werden, etwas zu gewinnen, das wir nicht haben, oder den Verlust von etwas zu vermeiden, das wir bereits haben. Wir können auch lügen, um nicht in die Verlegenheit zu kommen, zugeben zu müssen, dass wir Schulden haben. Wir können lügen, um die

Oberhand über jemand anderen zu gewinnen. Wir können auch lügen, um uns vor anderen nicht zu blamieren oder zu schämen. Auch Rache kann ein Verlangen danach, Lügen zu verbreiten, auslösen. Oder wir lügen für Aufmerksamkeit und Zuneigung von anderen.[8] Du siehst also: Es gibt zahlreiche Ursachen, die uns zum Lügen bringen, und wenn du mal lügst, bist du dadurch nicht per se ein schlechter Mensch. Ganz im Gegenteil: Jeder Mensch hat in seinem Leben schon bewusst und unbewusst gelogen, das ist menschlich. Nichtsdestotrotz währt Ehrlichkeit am Ende doch immer am längsten.

Unser lügendes Gehirn

Wie schon erwähnt: Lügen beansprucht viel Kapazität unseres Gehirns. Menschen, die gut lügen können, haben offenbar andere Gehirnstrukturen als Menschen, die das nicht so gut können. Lügnerinnen und Lügner scheinen laut verschiedenen Studien[9] mehr Aktivität im Hippocampus, mehr graue Substanz im präfrontalen Kortex und sogar mehr weiße Substanz im präfrontalen Kortex aufzuweisen. Der Hippocampus und der präfrontale Kortex spielen beide bei der Kontrolle von Emotionen und der Entscheidungsfindung eine Rolle. Eine weitere Studie[10] fand sogar heraus, dass Lügner mehr graue Substanz im Frontallappen haben, der für impulsgesteuerte Verhaltensweisen verantwortlich ist. Es ist noch nicht ganz klar, wie all diese Gehirnstrukturen bei der Lügerei eine Rolle spielen, aber die Neurowissenschaft arbeitet daran, es herauszufinden.

Wie erkenne ich Lügen?

Wenn es darum geht, herauszufinden, ob jemand lügt, lohnt es sich, dessen Gesichtsmuskeln zu beobachten. Laut Paul Ekman, dem wohl bekanntesten Lügenforscher, der auch die Macher der Serie *Lie to Me* inspiriert hat, und seiner Lügentheorie[11] gibt es bestimmte Gesichtsausdrücke, die auf die Wahrheit hindeuten, und andere, die auf eine Lüge hinweisen.

Auch Körpersprache und Verhaltensmuster zu beobachten ist eine Möglichkeit, um herauszufinden, ob jemand lügt. Zum Beispiel neigen Menschen, die lügen, dazu, mehr zu reden als diejenigen, die die Wahrheit sagen. Zudem benutzen sie auch weniger Gesten[12] beim Sprechen. Laut Ekman sprechen Menschen, die lügen, außerdem tendenziell lauter und schneller. Sie fassen sich dabei häufig in ihr Gesicht oder wischen sich durchs Haar. Manche zeigen auch öfter auf sich selbst, während sie sprechen, anstatt auf etwas in der Umgebung. Menschen, die die Wahrheit sagen, neigen hingegen dazu, sich weniger zu bewegen und weniger Interesse an ihrem Körper zu zeigen. Sie zeigen auf Gegenstände oder Orte, über die sie sprechen, anstatt auf sich selbst.[13]

Es ist wichtig zu beachten, dass man sich trotz dieser Beobachtungen nie zu 100 Prozent sicher sein kann, ob jemand lügt oder die Wahrheit sagt. Es gibt viele Faktoren, die das Verhalten und die Körpersprache einer Person beeinflussen können – und jeder Mensch ist anders. Es ist daher am besten, auf mehrere Faktoren zu achten und immer offen dafür zu bleiben, dass man sich irren könnte.

Die meisten Menschen sind sehr schlecht darin, die Wahrheit von der Lüge bei Menschen zu unterscheiden. So erzielten 24 483 Bewerterinnen und Bewerter ohne qualitative Expertise und Training bei der Analyse von Bildmaterial eine Quote von knapp über 50 Prozent. Nahm man nur die Stimme als Analysematerial, so stieg die Trefferquote auf 63 Prozent.[14] Doch auch in Berufskategorien, in denen man es häufiger mit Lügen zu tun hat – wie beispielsweise bei der Polizei, in Gerichten oder der Psychiatrie –, fand man keine Verbesserung der Quote.

Eine Möglichkeit, die Genauigkeit von Beobachtungen zu verbessern, besteht darin, sich Notizen zu machen und sie später mit anderen zu besprechen, um zu sehen, ob sie die gleichen Dinge bemerkt haben. Denn um genau zu sein, erkennt man Lügen zwar an der Mimik eines Menschen, aber meist sind die Bewegungen so klein, dass wir sie kaum wahrnehmen. Wir sprechen daher auch von **Mikroexpressionen**.[15]

Mikroexpressionen sind kleine, unwillkürliche Bewegungen und Veränderungen im Gesicht, die viel über die Gefühle und Gedanken einer Person verraten können. Sie können uns auch Aufschluss darüber geben, ob jemand lügt oder nicht. Mehrere Verhaltensmerkmale kombiniert erhöhen die Genauigkeit, Lügen zu erkennen auf 70 %.[16]

Lügner neigen dazu, nervös zu werden, sich komisch zu verhalten und Augenkontakt zu meiden. Es gibt jedoch auch Mikroexpressionen, die Menschen, die lügen, machen, wenn sie versuchen, etwas zu verbergen, wie zum Beispiel häufiges Blinzeln oder sich die Augen reiben. Im Gegensatz dazu sind

Menschen, die die Wahrheit sagen, entspannter und schauen einem direkt in die Augen.[17]

Pass aber auf, dass du nicht zu komisch wirst, wenn du nun plötzlich sehr nah an Personen rangehst, um deren Mikroexpressionen zu beobachten. Das macht wohl eher dich verdächtig. Paul Ekman ist starker Verfechter der Mikroexpressionen und ihrer Bedeutung im Lügenerkennen, jedoch erhält die nonverbale Bedeutung beim Lügen auch viel Kritik,[18] da es weniger Forschung dazu gibt als beispielsweise über verbale Hinweise.

Verbale Strategien, die man bei Lügnern beobachtet, um ihre Lügen zu tarnen, umfassen häufiges Blabla, um die Aufmerksamkeit von der Lüge abzulenken, oder die Verwendung von Worten wie »ehrlich« oder »wirklich« in übertriebenem Maße, um ihre Glaubwürdigkeit zu stärken. Das erkennt man immer sehr gut, wenn jemand auf Social Media erwähnt, die GANZE WAHRHEIT herausgefunden zu haben.

Lügner neigen dazu, vage Aussagen zu machen, um sich selbst Spielraum zu geben, falls sie ertappt werden – und sie vermeiden es oft, direkte Fragen zu beantworten.[19]

Es gibt auch einige Techniken, die man anwenden kann, um die Wahrheit von jemandem herauszufinden, der möglicherweise lügt. Eine davon ist das sogenannte »Mirroring«,[20] bei dem man die Körpersprache und das Verhalten der Person nachahmt, um Vertrauen aufzubauen und ihr das Gefühl zu geben, dass man auf ihrer Seite ist. Dies kann dazu beitragen, dass die Person entspannter wird und möglicherweise mehr Informationen preisgibt. Eine andere Technik zielt darauf ab, die

Person dazu zu bringen, sich selbst zu widersprechen, indem man sie nach Details fragt oder sie auffordert, ihre Geschichte zu wiederholen. Dies kann dazu beitragen, dass die Person Fehler in ihrem Lügengebäude enthüllt und es zusammenfällt.

Jedoch, und das ist wichtig, sollte man immer berücksichtigen: Es ist möglich, dass jemand die Wahrheit sagt, ohne alle Details zu kennen oder sich daran zu erinnern, oder dass jemand aus anderen Gründen nervös oder angespannt wirkt.

Es gibt auch darüber hinaus einige Dinge, die man beachten sollte, wenn man versucht, die Wahrheit herauszufinden. Wirf nicht zu voreilig mit Vorwürfen um dich, da dies die verdächtige Person möglicherweise verängstigen oder verärgern kann und sie weniger bereit ist, offen und ehrlich zu sein. Lieber sollte man ruhig und neutral bleiben und die Person nicht unter Druck setzen. Man sollte eine Person nicht überrumpeln oder in die Ecke drängen, denn dies sorgt dafür, dass derjenige sich verteidigen muss, sich vor dir verschließt und anfängt zu lügen, anstatt ehrlich zu sein.

Stattdessen ist es wichtig, dass man der Person Zeit gibt, sich zu sammeln und ihre Gedanken zu formulieren – und dass man offen und ehrlich zuhört, um ihr das Gefühl zu geben, dass man verstehen möchte, was sie zu sagen hat.

Es ist auch wichtig, realistisch zu bleiben und sich daran zu erinnern, dass niemand perfekt ist und dass es völlig normal ist, dass Menschen Fehler machen oder sich an bestimmte Details nicht erinnern können. Konzentriere dich lieber auf das Gesamtbild und die wichtigen Fakten, anstatt dich auf kleine Details und Ungereimtheiten zu fokussieren.

Lügendetektor – funktioniert das wirklich?

Die Forschung zeigt eindeutig, dass Menschen nicht gut darin sind, Lügen zu erkennen.[21] Da hat es ein Lügendetektor einfacher. Diese Geräte werden auch Polygrafen oder Psychophysiologische Lügendetektoren genannt.

Doch wie stellt ein Polygraf eigentlich fest, ob jemand lügt? Polygrafen messen während einer Befragung die Veränderung von Merkmalen wie Puls, Blutdruck, Atemfrequenz, elektrische Leitfähigkeit der Haut (EDA), Schweißdrüsenaktivität und Gesichtsmuskelbewegungen.[22] Wenn man es ganz genau nimmt, dann ist der Begriff »Lügendetektor« eigentlich irreführend, weil nicht die Lügen gemessen werden, sondern die Veränderung des physiologischen Zustands. Aber genau damit lässt sich die Lüge entlarven.

Wenn wir lügen, geht unser Körper in Alarmbereitschaft: unsere Herzfrequenz schnellt in die Höhe, der Blutdruck steigt, wir atmen schneller und schwitzen mehr. Das alles passiert, weil unser Körper in den sogenannten »Kampf oder Flucht«-Modus umschaltet, wenn wir Angst haben, entdeckt zu werden. Die *Fight or Flight*-Reaktion beschreibt die körperliche und psychologische Anpassung unseres Körpers an Stresssituationen. Entweder wir stellen uns dem Kampf, oder wir fliehen vor der Gefahr.

Unser Gehirn sendet dabei blitzschnelle Impulse durch die Nervenbahnen des vegetativen Nervensystems an das Nebennierenmark, um so Adrenalin freizusetzen, welches für erhöhte Herzminutenvolumen, Körperkraft und Atemfrequenz sorgt.

Du kennst das vielleicht: Wenn du etwas ausgefressen hast und Angst hast, dass ein Kollege, eine Freundin oder ein Familienmitglied es herausfindet, pocht dein Herz wie verrückt, und deine Hände werden schweißnass. Genau das passiert auch, wenn wir lügen – vor allem, wenn viel auf dem Spiel steht, zum Beispiel bei einem polizeilichen Verhör.

Es wurden Studien durchgeführt, um die Genauigkeit von Lügendetektoren zu bestimmen. Einige davon sagen, dass sie bei achtzig Prozent liegt, andere sagen, dass sie nicht hoch genug sei, um sie in Sicherheitsüberprüfungen und Lügenerkennung zu verwenden, speziell wenn es forensische oder gerichtliche Konsequenzen nach sich zieht. Eine große Studie aus dem Jahr 2011 geht von einer Genauigkeit von fünfundachtzig Prozent aus.[23] Neuere Studien sagen, dass die Genauigkeit im Allgemeinen hoch ist und möglicherweise noch höher sein kann, wenn man Computer-Algorithmen verwendet.[24] Nichtsdestotrotz bleiben Lügendetektoren und ihre Anwendung ein umstrittenes Thema, weshalb in Deutschland Lügendetektortests vor Gericht keinen Beweiswert haben.

In diesem Kapitel haben wir nun die Gründe fürs Lügen, die Erkennung und Messung besprochen und auch festgestellt, dass bestimmte Arten von Lügen (keine Notlügen), obwohl moralisch verwerflich, strategisch eingesetzt werden, um einen Vorteil für sich selbst daraus zu ziehen. Und im Laufe der Menschheit gab es schon so einige Lügner oder besser gesagt Hochstapler und Trickbetrüger, denen bestimmt auch du auf den Leim gegangen wärst.[25,26] Denn durch ihr außergewöhnliches Talent, andere von ihrer erfundenen Realität zu überzeugen, üben sie eine faszinierende Anziehungskraft auf die Menschen aus.

Victor Lustig

Einer davon war Victor Lustig, ein wahrer Meister des Betrugs und der Hochstapelei. Vermutlich ist das auch der Grund, weshalb er als »der Mann, der den Eiffelturm verkaufte« berühmt wurde. Sein berüchtigtster Schwindel war der doppelte »Verkauf« des Eiffelturms. Ja, du hast richtig gelesen. Zwei Mal.

Doch sein größter Coup begann 1925, als er von Abrissplänen für den Eiffelturm in der Zeitung erfuhr. Mit seinem Charme und seiner Eloquenz wickelte er ahnungslose Käufer um den Finger, indem er sich als stellvertretender Generaldirektor des Postministeriums ausgab und behauptete, der Eiffelturm würde zum Verkauf angeboten, um Reparaturkosten zu decken. Daraufhin schickte er Einladungen an Pariser Schrotthändler, die Interesse an dem Metall des berühmten Wahrzeichens hatten, und traf sie in einem noblen Hotel. Nachdem er einen Käufer fand, der ihm beträchtliche Summen zahlte, machte sich Lustig aus dem Staub und ging nach Wien. Der Käufer war wahrscheinlich so peinlich berührt von dem Schwindel, dass er sogar auf eine Anzeige bei der Polizei verzichtete. Denn Lustig flog erst beim wiederholten Schwindel in Paris auf, als ein Eisenhändler diesen bei der Polizei zur Anzeige brachte.[27, 28]

Milli Vanilli

Ende der 80er- und zu Beginn der 90er-Jahre feierte die Popgruppe Milli Vanilli einen weltweiten Erfolg. Sie bestand aus dem Pop-Duo Fab Morvan und Rob Pilatus. Sie eroberten mit Songs wie »Girl You Know It's True« oder »Blame It on the Rain« die Charts und erhielten zahlreiche Auszeichnungen, darunter den prestigeträchtigen Grammy Award.

Doch im Jahr 1990 gerieten Milli Vanilli in einen Skandal, als bei einem Auftritt in den USA das Playbackband ausfiel und das Publikum sah, dass Morvan und Pilatus gar nicht selbst singen konnten.

Die Enthüllung war ein Schock für ihre Fans und erschütterte das Vertrauen in die Musikindustrie merklich. Es stellte sich heraus, dass Morvan und Pilatus nur als Frontmänner engagiert worden waren, um die Musik zu repräsentieren. Der Skandal sorgte weltweit für Schlagzeilen und riss Milli Vanilli vom Gipfel des Erfolgs in die Bedeutungslosigkeit. Trotz alledem bleiben die Songs von Milli Vanilli in Erinnerung und haben ihren Platz in der Popkultur sicher.[29, 30]

Frank Abagnale Jr.

Sicherlich ist dir der folgende Hochstapler bekannt, weil du die wirklich tolle Verfilmung seiner Geschichte mit dem Namen *Catch Me If You Can* kennst, in der Leonardo DiCaprio die Hauptrolle spielt. Die Rede ist von dem bemerkenswerten Betrüger Frank Abagnale. In seiner Jugend in New York eröffnete er ein Girokonto, von dem aus er an Blankochecks gelangte, die er in Bargeld umtauschen wollte. Um keine Zweifel an seiner Glaubwürdigkeit aufkommen zu lassen, gab sich Abagnale als Co-Pilot der Airline Pan-Am aus und nannte sich Frank Williams. Nicht nur, um vertrauenswürdig zu wirken, sondern auch um dem FBI, das ihn als Scheckbetrüger suchte, ein Schnippchen zu schlagen, nutzte Abagnale seine Rolle als Pilot. Er konnte den Behörden immer wieder entkommen, indem er für das Personal kostenlose Flüge nutzte. In seiner kriminellen Karriere gab er sich als Flugzeugpilot, Arzt, Anwalt und Hochschuldozent aus und nutzte seine Fähigkeiten als Fälscher und Betrüger, um enorme Geldsummen und Privilegien zu erschleichen.

Abagnale hinterließ einen enormen Schaden: Er betrog Menschen in allen 50 US-Bundesstaaten und noch 26 weiteren Ländern um insgesamt 2,5 Millionen US-Dollar, die er für seinen extravaganten Lebensstil ausgab. Obwohl er im Gefängnis landete, bot ihm die US-Regierung eine vorzeitige Freilassung an, vorausgesetzt, er gebe seine Kenntnisse preis und arbeite mit dem FBI zusammen. Abagnale nahm den Deal an und wurde ein Sicherheitsberater, der dem FBI bei der Aufklärung von Betrugsfällen und der Entwicklung von Betrugspräventionsmaßnahmen half. Heute gilt Frank Abagnale als Experte auf dem Gebiet der Betrugsprävention und hat zahlreiche Bücher geschrieben, in denen er seine Erfahrungen und sein Wissen weitergibt.[31]

Gert Postel

Stell dir vor, du triffst deinen ehemaligen Postboten im Krankenhaus. Klingt erst mal nach einer zufälligen Begegnung. Schließlich kann man dort nicht nur seinem Postboten, sondern auch seiner Lehrerin oder seinem Metzger über den Weg laufen. Doch das Skurrile an der Geschichte ist, der Postbote mit mittlerer Reife namens Gert Postel war kein Patient, sondern leitender Arzt. Postel dürfte ohne Zweifel einer der größten Hochstapler Deutschlands sein.

Postel gab sich jahrelang als Arzt aus, obwohl er nie Medizin studiert hatte. Er verschaffte sich Stellen in renommierten Krankenhäusern und Kliniken und arbeitete als Psychiater, ohne dass jemand Verdacht schöpfte. Seine Täuschung flog schließlich auf, als er eine Mitarbeiterin einstellte, deren Eltern ihn als Hochstapler erkannten, weil es ihr Postbote gewesen war. Postel wurde 1999 schließlich vom Landgericht Leipzig wegen mehrfachen Betrugs, Urkundenfälschung, Täuschung und Missbrauchs von akademischen Titeln zu einer Freiheitsstrafe von vier Jahren verurteilt, 2001 aber wegen guter Führung frühzeitig entlassen.[32]

Behauptung: *Ein Kind schnitt sich den Bauch auf, weil es so sein wollte wie ein Teletubby.*

Du brauchst keine Fake News!

Das ist eine urbane Legende, die sich im Internet verbreitet hat.[33] Angeblich soll die Geschichte auch in den Nachrichten erschienen sein, darüber fehlt allerdings jede Quelle einer ausgestrahlten Nachrichtensendung, und so bleibt es doch nur eine Horrorgeschichte, die speziell bei Kindern einen bleibenden Eindruck hinterlässt.

Klatsch und Tratsch – wer kennt es nicht? Egal ob im Büro oder unter Freunden, wir alle sind gelegentlich Teil dieser unterhaltsamen, aber manchmal auch heiklen Gespräche. Überraschenderweise sind diese Plaudereien tatsächlich eine hochentwickelte soziale Fähigkeit, die sogar positive Auswirkungen auf unsere Gesundheit haben kann.

Der britische Forscher Robin Dunbar fand heraus, dass mehr als ein Drittel unserer Unterhaltungen über abwesende Personen geführt werden. Geschlecht oder Alter spielen dabei keine Rolle. Um die Gründe für dieses Verhalten zu verstehen, muss man die Evolutionsgeschichte des Menschen betrachten. Zwei gängige Theorien besagen, dass Klatsch und Tratsch unseren Vorfahren halfen, vertrauenswürdige Individuen zu identifizieren und mögliche Bedrohungen zu erkennen. Auch heute dient das Lästern zur Informationsvermittlung und Vertrauensbildung.

Anthropologen hingegen vermuten, dass Lästern aus der gegenseitigen Fellpflege entstanden ist – stellt euch das mal vor! Somit dient Lästern als soziales Warnsystem und fördert den Zusammenhalt einer Gruppe. Aber Vorsicht: Wer gerne tratscht, könnte selbst zum Ziel von Klatschgeschichten werden und das Vertrauen der anderen verlieren. Wie sagt man so schön? Wer im Glashaus sitzt, sollte nicht mit Steinen werfen.

Obwohl Klatsch und Tratsch uns zusammenbringen können, können negative Geschichten auch zu Angriffen auf andere führen und im schlimmsten Fall sogar Mobbing und

Isolation verursachen.[34, 35, 36] Denkt also daran, ihr lieben Klatschtanten und Tratschonkel, man kann auch positiv über andere reden. ×

5

NUR DIE SPITZE DES EISBERGS

In den letzten Jahren haben wir gesehen, wie gefährlich Falschmeldungen auf Social Media sein können. Sie sind in der Lage, Menschen zu manipulieren, sie zu radikalisieren und schließlich dazu zu bringen, sich gegen die Demokratie zu stellen. Deshalb ist es wichtig, dass wir Falschmeldungen aufdecken und ihre Verbreitung verhindern.

Oft werden Falschmeldungen auf Social Media verbreitet, daher ist es wichtig, dass wir insbesondere dort damit beginnen, das Bewusstsein der Nutzer für dieses Thema zu schärfen. Dies gilt für Jugendliche und Erwachsene. Meist sind es die Nutzenden von Social Media selbst, die Falschmeldungen verbreiten, weil sie etwas aufschnappen und weitergeben.

Früher war nicht alles besser, sondern anders

Im Gegensatz zu früheren Kommunikationsformen wie Zeitungen, Büchern, Briefen, Radios und Fernsehen, haben Social-Media-Plattformen wie Facebook, WhatsApp, Instagram, TikTok, Telegram, Snapchat und Co. die Beziehung zwischen dem Sender einer Information und dem Empfänger dieser Information verändert. Früher gab es nur einige Sender, die Informationen für die breite Masse bereitgestellt haben, da die Produktionskosten sehr hoch waren und somit nur die Organisationen Inhalte produzieren konnten, die das nötige Geld dafür hatten. Die Aufgabe der Journalistinnen und Journalisten war es, diese Inhalte auf ihre Richtigkeit und Relevanz zu prüfen. Dadurch entstand eine Art Vertrauensvorschuss, was die Richtigkeit der Inhalte betraf.

Natürlich konnte man spätestens mit dem Zugang zum Internet in den 90ern und 2000ern die Informationen selbst überprüfen, was jedoch auch bedeutete, dass der Empfänger der Nachricht sich aus seiner Komfortzone herausbewegen und den aktiven Part einer Forschenden beziehungsweise eines Amateurjournalisten einnehmen musste. Und selbst wenn man einen Fehler entdeckt hatte, so war die Hürde dennoch groß, diesen aufzudecken. Klar, man konnte einen Leserbrief schreiben oder bei der Redaktion anrufen, doch nur wenige taten dies. Somit entstand eine Art Gefälle mit wenig Widerstand oder Feedback der Empfänger.

Doch dann kamen die Social-Media-Plattformen – und auf ihnen konnte man mit einem Mal in Interaktion treten. Als Empfänger konnte man hier seine Meinung zu bestimmten Beiträgen in Kommentaren wiedergeben und Beiträge mit Angaben wie »Gefällt mir« markieren. Ein Meilenstein in der Sender-Empfänger-Dynamik. Es wurden immer mehr Blogs erstellt und Beiträge verfasst, und Menschen begannen Personen zu folgen, die von ihren Inhalten sehr überzeugt waren.

Auch entstanden die ersten privaten Informationsinhalte auf Plattformen wie YouTube. Man brauchte nicht mehr den Karriereweg eines Journalisten oder einer Reporterin einzuschlagen, um über Inhalte zu berichten, die einem relevant vorkommen. Die Einstiegsbarrieren waren zwar weit gesunken, um jedoch halbwegs professionell zu wirken, musste man immer noch in eine gute Kamera und in Belichtung sowie ein Mikrofon und Studio-Set-up investieren. Die neusten Plattformen wie TikTok und Instagram waren diesbezüglich echte Gamechanger. Sie ermöglichten allen Nutzenden, Beiträge und somit Inhalte zu erstellen und sogar Greenscreens zu benutzen, um Inhalte einblenden zu lassen oder den Hintergrund ihrer Videos in ein Nachrichtenstudio zu verwandeln. Gleichzeitig gelangte ein ganzes Studio-Set-up mit Mikrofon, HD- bis 4K-Kamera sowie ausreichend Prozessorleistung zum Bearbeiten der Inhalte in unsere Hosentasche. Denn seit Steve Jobs im Jahr 2007 das erste iPhone vorstellte, nahmen Smartphones (auch wenn es schon in den 90ern Smartphones gab) einen großen Marktanteil ein und wurden mit jedem Jahr leistungsfähiger.

Das Ergebnis: Jeder Konsument konnte fortan, wenn er wollte, auch zum Produzenten werden. Egal, ob es sich um eine private Person oder eine große Firma handelt, alle haben heutzutage die Möglichkeit, Inhalte zu senden und sie mit anderen zu teilen. Ob man mit ein paar Satzzeichen auf Twitter einen Tweet absendet, ein Foto mit ein paar Hashtags auf Instagram postet oder ein Hochkantvideo, die sogenannten Verticals im 9:16-Format, auf TikTok platziert.

Noch nie war es einfacher, Content zu konsumieren und ihn auch zu produzieren. Und hierbei spreche ich noch nicht einmal über die neusten Entwicklungen in der Künstlichen Intelligenz, die uns dabei helfen, den Content zu formulieren. Ein Beispiel dafür ist ChatGPT, welches nach nur fünf Tagen eine Million User auf seiner Plattform generierte.[1]

Moment, ChatGPT?!

ChatGPT ist eine Künstliche Intelligenz (KI) von OpenAI, die Texte erstellen kann. Sie basiert auf der GPT-4-Technologie und wurde mit vielen Texten trainiert, um besser zu werden. ChatGPT kann Fragen beantworten, Texte zusammenfassen, Geschichten schreiben und noch viel mehr. Es wird oft für Chatbots, Texterstellung, Übersetzungen und Kundenservice verwendet. Zusätzlich kann ChatGPT bei Hausaufgaben helfen (aber pssst, das bleibt unser Geheimnis!), mathematische Aufgaben lösen und sogar beim Programmieren von Code unterstützen. Du glaubst, das klingt zu gut, um wahr zu sein? Überraschung: Dieser humorvolle Abschnitt wurde von ChatGPT verfasst. Ziemlich beeindruckend, oder?

What the F... – genau das habe ich beim Lesen des Abschnitts auch gedacht. Vor allem dürfte ChatGPT nicht die einzige Plattform sein, die den Usern von Instagram, TikTok und Co. dabei behilflich ist, Content zu produzieren. Auch die gängigen Suchmaschinen wie Google kündigten vergleichbare Lösungen an, die sie BARD tauften, siehe https://bard.google.com. Zur Thematik der Künstlichen Intelligenz und deren Gefahren sowie Chancen könnte man mehrere Bände an Büchern füllen, deshalb zurück zum Thema, denn es war nicht nur noch nie so einfach, Content zu produzieren, sondern auch Reichweite zu generieren.

Mit großer Reichweite kommt große Verantwortung!

Das klingt erst mal nach einer tollen Sache: Jede Stimme bekommt Gehör. Minderheiten können auf strukturelle Probleme und Diskriminierung hinweisen und bekommen die Stimme, die sie über Jahrhunderte nicht nutzen konnten. Auch sind der Kreativität keine Grenzen gesetzt. Ob ich etwas backen, meine handwerklichen Fähigkeiten präsentieren oder mein Wissen und meine Expertise mit Menschen teilen möchte. Social Media macht's möglich. So konnte ich beispielsweise psychologische Phänomene einfach und interessant verpackt einer breiten Zielgruppe näherbringen. Das Problem: Genau das können neben mir auch noch viele weitere Personen, die eventuell gar keine fachliche Expertise haben oder die Information nicht methodisch und inhaltlich differenziert analysieren. Denn jeder User hat die Möglichkeit, eigenen Content zu produzieren. Der australische Medienwissenschaftler Axel Bruns hat dafür die Wortschöpfung des ProdUsers[2] geprägt. Doch viel häufiger begegnen wir wohl dem Begriff des Influencers oder auch Content Creators – Menschen, die aktiv und regelmäßig Inhalte auf Social-Media-Kanäle stellen und die moderne Form des Geschichtenerzählens betreiben, das sogenannte Digital Storytelling.

Alle Content Creators konkurrieren um die Aufmerksamkeit der User auf einer Plattform. Jeder will, dass seine Geschichte so gut wie möglich ankommt, online viral geht und somit Reichweite erzielt. Deshalb machen sie alles, um ihre Geschichten so interessant wie möglich zu präsentieren. Manchmal hilft es auch, zu flunkern oder Geschichten zu erfinden. Da sieht man eine Schlagzeile und erstellt schnell einen Inhalt über ein Thema, zu dem man weder selbst ausgiebig recherchiert hat noch die Medien- und Methodenkompetenz besitzt, um die Information einzuordnen. Die meisten ProdUser sind keine Profis. Sie unterliegen nicht den ethischen Grundsätzen, denen beispielsweise ein Presserat folgt.

Der Presserat ist eine Einrichtung der deutschen Presse, die sich zum Ziel gesetzt hat, die journalistische Ethik zu wahren und den Ruf der Presse zu schützen.[3] Deshalb hat er eine Reihe ethischer Grundsätze formuliert, die für alle Mitglieder verbindlich sind. Dazu gehören zum Beispiel der Respekt vor der Menschenwürde, die Wahrung der Persönlichkeitsrechte, die Berücksichtigung von Interessen und Bedürfnissen von Minderheiten und die Verantwortung gegenüber der Öffentlichkeit. Der Presserat verfolgt drei wesentliche Ziele: erstens die Förderung der Qualität und Glaubwürdigkeit der journalistischen Arbeit, zweitens den Schutz der Persönlichkeitsrechte und Meinungsfreiheit und drittens die Wahrung des Rufs der Presse als unabhängige und verantwortungsvolle Informationsquelle. Die Einhaltung dieser ethischen Grundsätze ist wichtig, um die Integrität und Glaubwürdigkeit der journalistischen Arbeit zu wahren.

Jemand, der auf Social Media etwas postet oder teilt, handelt meist nicht nach diesen ethischen Zielen, sondern entscheidet nach eigenen ethischen Standards. Die Aussagen müssen nicht korrekt sein. Die Inhalte müssen auch nicht in einen Kontext eingebettet sein oder differenziert dargestellt werden. Auch haben sie keinerlei Verpflichtung, die Beiträge als unwahr zu kennzeichnen. Der Empfänger dieser Inhalte muss selbst entscheiden, ob die Aussagen richtig sind oder nicht. Der Content Creator schiebt damit die Verantwortung und Sorgfaltspflicht auf den Empfänger ab.

Als ich mit meinem Kanal »keinfakenews« auf TikTok angefangen habe, hätte ich niemals gedacht, dass ich eine so große Reichweite aufbauen würde. Mir wurde immer mehr bewusst, dass hinter der Followerzahl reale Menschen stecken und meine Inhalte wöchentlich Millionen von Menschen erreichen. Ich wurde immer häufiger auf Beiträgen markiert, die ich recherchieren und deren Fakten ich checken sollte. Manchmal entstand dadurch ein Dilemma. Einige User mochten meine Inhalte, verbreiteten aber selbst aus Unterhaltungszwecken Halbwahrheiten oder produzierten Inhalte, die nur darauf aus waren, Reichweite zu erzielen. Glücklicherweise kennzeichnen einige mittlerweile ihre Beiträge so, dass deutlich wird, dass es sich um eine erfundene Geschichte oder Legende handelt. Noch besser wäre es, wenn alle Content Creators ebenfalls verbindlich eine Art Creator-Kodex wie im Journalismus hätten. Es würde zumindest ein Zeichen setzen, dass man sich der Rolle und Verantwortung der eigenen Reichweite bewusst ist. Dieser könnte folgende Grundprinzipien beinhalten:

Content-Creator-Kodex

Der Content-Creator-Kodex ist ein von mir erstellter Vorschlag für eine Liste an Grundprinzipien, die von Pinterest[4] inspiriert wurde und mit der Künstlichen Intelligenz von ChatGPT erweitert wurde. Content Creators können sich an ihr orientieren, um verantwortungsvolle und ethische Inhalte zu produzieren.

1. **Sorgfältige Recherche:** Content Creators sollten sorgfältig recherchieren und sich auf zuverlässige Quellen stützen, um Falschinformationen zu vermeiden.
2. **Respekt:** Content Creators sollten andere Menschen und Meinungen respektieren und freundlich zueinander sein. Kritik sollte stets konstruktiver Natur sein.
3. **Inklusion:** Content Creators sollten sich bemühen, inklusive und vielfältige Perspektiven in ihren Inhalten zu berücksichtigen und zu fördern. Sie sollten sich für die Gleichberechtigung und das Wohlergehen aller Menschen einsetzen.
4. **Kein Mobbing:** Content Creators sollten Mobbing und Cyberbullying verurteilen und sich dafür einsetzen, dass solche Verhaltensweisen nicht toleriert werden. Sie sollten keine Inhalte produzieren oder teilen, die andere Menschen herabsetzen, beschämen oder verletzen. Stattdessen sollten sie sich für eine positive und respektvolle Kommunikation einsetzen.

5. **Integrität:** Content Creators sollten echte Meinungen und Erfahrungen teilen und sich nicht von finanziellen Interessen beeinflussen lassen.
6. **Transparenz:** Content Creators sollten offen und ehrlich über ihre Beziehungen und Kooperationen mit Unternehmen, Produkten und Dienstleistungen berichten.
7. **Verantwortung:** Content Creators sollten sich bewusst sein, dass ihre Inhalte eine große Reichweite haben, und sich daher verantwortungsbewusst verhalten.
8. **Persönlichkeit:** Content Creators sollten ihre eigene Persönlichkeit zeigen und sich nicht von Trends oder Erwartungen leiten lassen.
9. **Einhaltung von Gesetzen und Vorschriften:** Content Creators sollten sich an geltende Gesetze und Vorschriften halten und keine illegalen oder schädlichen Aktivitäten unterstützen oder fördern.
10. **Schutz von Privatsphäre:** Content Creators sollten die Privatsphäre anderer respektieren und keine persönlichen Informationen ohne deren Einwilligung teilen.
11. **Ehrlichkeit:** Content Creators sollten ehrlich und aufrichtig sein und keine falschen oder irreführenden Inhalte produzieren oder teilen.
12. **Vorbildfunktion:** Content Creators sollten sich bewusst sein, dass sie oft als Vorbilder für eine junge Zielgruppe fungieren und daher eine besondere Verantwortung tragen. Sie sollten daher positive Werte vermitteln und ein verantwortungsvolles Verhalten an den Tag legen. Content Creators sollten sich bewusst sein, dass ihre Inhalte von einer jungen

Zielgruppe gesehen werden und sie daher eine Verantwortung haben, keine schädlichen oder gefährlichen Inhalte zu produzieren oder zu teilen.

13. **Kein Klauen von Inhalten:** Content Creators sollten keine Inhalte von anderen Creators stehlen, sondern diese bei Inspiration markieren und die ursprünglichen Autorinnen und Autoren ausdrücklich nennen.

Da fast jeder User auch gleichzeitig Creator sein kann, sobald dieser Inhalte öffentlich teilt, könnten diese Vorschläge auch eine Orientierung für dich sein.

Was sind Algorithmen?

Auch immer mehr Betreiber von Websites, Blogs, Unternehmen, aber auch Nachrichtenkanäle verirren sich auf Social-Media-Kanäle, da die Nutzung von TV und Radio über alle Altersgruppen abnimmt und die Nutzung des Online-Angebots und von Social Media zunimmt. Was Einzelnutzende und Organisationen gemeinsam haben, ist die Tatsache, dass die Erzielung der Reichweite an Bedeutung zugenommen hat. Hier spielen die Algorithmen eine wichtige Rolle.

Ein Algorithmus ist wie eine Anleitung, die Schritt für Schritt beschreibt, wie man etwas macht. Man könnte zum Beispiel einen Algorithmus haben, der beschreibt, wie man eine bestimmte Knobelaufgabe löst, oder einen Algorithmus, der erkennen soll, ob eine reale Person oder doch nur eine Maschine sich auf einer Website anmelden möchte. Du kennst das sicherlich, wenn du beim Login-Vorgang auf manchen Seiten gebeten wirst, die Ampeln oder Zebrastreifen auf Fotos zu zählen.

Hast du schon einmal darüber nachgedacht, warum du auf Social Media bestimmte Inhalte siehst und andere nicht? Eine große Rolle dabei spielen Algorithmen! Viele Social-Media-Plattformen nutzen Algorithmen, um auszuwählen und zu organisieren, welche Inhalte du auf deiner Startseite oder in deinem Feed siehst. Zum Beispiel möchte Instagram den Anteil der Inhalte, die du durch Algorithmen siehst, erhöhen. Es ist eine Reaktion auf den riesigen Erfolg von TikTok, das dir scheinbar zufällige Inhalte auf seiner »Für Dich«-Seite vorschlägt, die aber in Wirklichkeit durch künstliche Intelligenz und Algorithmen ausgewählt werden. Diese Algorithmen berücksichtigen Faktoren wie die Interaktionen des Benutzers mit früheren Inhalten, die Beliebtheit von Inhalten und die Beziehungen des Benutzers zu den Personen oder Seiten, die den Inhalt veröffentlicht haben.

Der Einsatz von Algorithmen im Rahmen von Social Media hat für dich sowohl Vorteile als auch Nachteile. Ein Vorteil ist, dass Algorithmen dir relevantere Inhalte zeigen können und dir somit das Durchsuchen von vielen weniger relevanten Inhalten ersparen. Ein Nachteil ist jedoch, dass Algorithmen dazu führen können, dass du nur noch Inhalte oder zumindest vermehrt Inhalte siehst, die deinen bestehenden Vorlieben und Überzeugungen entsprechen, anstatt auch Inhalte, die andere Perspektiven oder Meinungen vertreten. Dieses Phänomen wird als Filterblase bezeichnet.

Filterblasen

Wenn du zum Beispiel viele Inhalte teilst oder likst, die eine bestimmte politische Meinung vertreten, werden dir möglicherweise in Zukunft verstärkt Inhalte angezeigt, die diese Meinung unterstützen. Dies kann dazu führen, dass du eine einseitige Sicht der Dinge bekommst und dadurch in eine sogenannte »Echokammer« gerätst. Heißt, du bist nur noch von Menschen umgeben, die die gleiche Meinung haben. Und das stellt aus mehreren Gründen ein Problem dar.[5]

Echokammern können dazu führen, dass sich Gruppierungen bilden, die gemeinsam ihre Meinung so verstärken, dass es zu einer Radikalisierung kommt. Hier muss man aber auch klar betonen, dass wir in einer pluralistischen Gesellschaft leben und verschiedene Meinungen vertreten werden und auch verteidigt werden und parallel zueinander existieren dürfen.

Angriff auf die Demokratie

Am 6. Januar 2021 kam es zu einem schockierenden Vorfall in den USA: Anhänger von Donald Trump stürmten während einer Sitzung des US-Kongresses das Kapitol in Washington. Die stattfindende Sitzung diente der Bestätigung des Präsidentschaftswahlergebnisses. Die Polizei musste eingreifen und setzte Tränengas und Pfefferspray ein, um die Situation unter Kontrolle zu bringen. Mehrere Politiker und Politikerinnen mussten in Sicherheit gebracht werden, und einige Anhänger Trumps drangen sogar bis in Büros von Abgeordneten und den Senatssaal vor. Leider kam es bei den Gewalttaten zu fünf Todesopfern, darunter auch ein Polizist. Insgesamt wurden mehr als 700 Menschen festgenommen.[6]

Nachdem der Vorfall gründlich untersucht worden ist, hat der Untersuchungsausschuss jetzt seinen Abschlussbericht veröffentlicht. Demzufolge trägt Donald Trump die Hauptverantwortung für die »mehrstufige Verschwörung«, die zu dem Vorfall führte. Er habe seine Anhängerinnen und Anhänger dazu motiviert, den Kongresssitz zu stürmen. Es ist erschreckend, wie es zu einem solchen Vorfall kommen konnte – vor allem, weil der Sturm auf das Kapitol einige Nachahmer mit sich brachte. Auch in Deutschland.

Am 29. August 2022 gingen in Berlin etwa 40 000 Menschen auf die Straße. Sie riefen »Widerstand!« und trugen Schilder mit Sprüchen wie »Beendet die Corona-Diktatur!«. Unter ihnen auch Rechtsextreme, Leute, die glauben, dass die Bundesrepublik Deutschland keine echte Regierung hat, eben all die Menschen, die man unter dem Begriff Reichsbürger zusammenfasst.[7] Außerdem anwesend: Jede Menge Menschen, die glauben, dass es dunkle Mächte gibt, die die Welt kontrollieren – ganz genau: »Verschwörungstheoretiker«.

Hunderte von ihnen überquerten Absperrungen der Polizei und stürmten die Treppen des Reichstags. Viele hatten dabei sicherlich die Szenen in Amerika im Kopf und versuchten in das Reichstagsgebäude hineinzukommen, aber die Polizei hielt dagegen und versperrte ihnen den Weg. Genau solche

Vorfälle häufen sich und werden im Internet und speziell auf Telegram organisiert. So auch ein geplanter Staatsstreich am Ende des Jahres 2022, der von Gruppierungen aus der Reichsbürgerszene und dem extremistischen Teil der Querdenkerbewegung geplant wurde. Unter den 52 Beschuldigten befanden sich ehemalige Elite-Soldaten und sogar eine Person, die früher für die AfD im Deutschen Bundestag tätig war. Polizei-Spezialkräfte führten eine Razzia sowie umfangreiche Durchsuchungen durch und nahmen einige Menschen fest. Das Ziel der Terror-Gruppe war es, die verfassungsmäßige Ordnung in Deutschland zu zerstören und einen Staat nach dem Vorbild des Deutschen Reichs von 1871 zu errichten. Die Gruppe kam zwar nicht weit, soll aber unter anderem geplant haben, das Reichstagsgebäude zu stürmen, durch Anschläge auf die Stromversorgung kriegsähnliche Zustände zu erzeugen und die Bundesregierung abzusetzen, um die Macht zu übernehmen.[8]

Diese Beispiele zeigen, dass Fake News weltweit ernsthafte Auswirkungen auf Gesellschaft, Demokratie und Wirtschaft haben können.

Fake-News-Ungeheuer – das wird teuer!

Laut einer Studie[9] von CHEQ, einer Firma für Internetsicherheit, und der Universität von Baltimore, verursachen Fake News der Weltwirtschaft jedes Jahr einen Schaden von 78 Milliarden Dollar.

Fake News kosten Unternehmen viel Geld. Laut der oben genannten Studie verlieren Marken jedes Jahr 235 Millionen Dollar, weil sie Werbung neben Fake News schalten, ohne es zu wissen. Falsche Finanzinformationen sorgen sogar für einen Schaden von 17 Milliarden US-Dollar. Auch die Politik bleibt aus wirtschaftlicher Sicht nicht unverschont. Allein in den USA werden 400 Millionen US-Dollar für Fake News ausgegeben. Im Gesundheitsbereich werden auch zahlreiche Fake News verbreitet, die insgesamt jährlich einen Schaden von neun Milliarden Dollar anrichten.

Tote durch Fake News

Fake News können nicht nur für die Wirtschaft, sondern auch für die Sicherheit, Gesundheit und das Wohl von Einzelpersonen, Gruppen und sogar ganzen Nationen eine Bedrohung darstellen. Der pakistanische Verteidigungsminister schickte im Dezember 2016 aufgrund einer erfundenen Geschichte in den sozialen Medien eine nukleare Drohung an Israel.[10] Aber Fake News sind nicht nur dann ein Problem, wenn Menschen falsche Informationen glauben, sondern auch dann, wenn Fakten zu aktuellen Themen oder Ereignissen durch Gerüchte angezweifelt werden. Ein Beispiel dafür war und ist die Debatte nach der Effektivität von Impfungen und verschiedene Mythen, die in der folgenden Tabelle zusammengefasst werden:[11]

Mythos	Richtigstellung
Integration von mRNA in das Genom	mRNA-Impfstoffe integrieren sich nicht in das menschliche Genom.
Unfruchtbarkeit bei Frauen	Es gibt keine Hinweise darauf, dass die Impfung zu Unfruchtbarkeit bei Frauen führt.
Antikörperspiegel fällt	Impfungen sind weiterhin nützlich, da auch Immunzellen trainiert werden, auch wenn der Antikörperspiegel im Laufe der Zeit abfällt.
Nur an gesunden Personen getestet	Impfungen wurden auch an älteren Menschen und Risikopatienten mit bestimmten Vorerkrankungen getestet.
Todesfälle von Studienteilnehmern	Todesfälle von Studienteilnehmern bedeuten nicht zwangsläufig einen Zusammenhang mit dem Impfstoff.
Gesichtslähmungen in Studien	Gesichtslähmungen in Studien sind nicht ursächlich auf die Impfung zurückzuführen.
Impfung verursacht Krebs	Es gibt keine Anhaltspunkte dafür, dass die Corona-Schutzimpfung Krankheiten wie Krebs verursacht.
Mikrochips in Impfstoffen	Die Behauptung, dass in den Impfstoffen Mikrochips enthalten sind, ist ein Verschwörungsmythos und nicht wahr.

Mythos	Richtigstellung
Impfstoff wirkungslos, weil Ansteckung möglich	Die Gründe, warum Menschen trotz Impfung erkranken können, sind vielfältig. Möglicherweise reagiert der Körper anders auf den Impfstoff, oder die Person wurde vor der vollständigen Immunität infiziert. Geimpfte Personen können zwar noch erkranken, aber meistens in einer milderen Form. Sie können auch weiterhin ansteckend sein. Trotzdem bietet die Impfung einen exzellenten Schutz vor schwerwiegenden Verläufen.[12]
Impfstoff kann nicht so schnell entwickelt werden	Dank weltweiter Forschung, Vorwissen über Coronaviren, wissenschaftlicher Beratung, Kombination von klinischen Prüfungsphasen und dem »Rolling Review«-Verfahren, bei dem Datenpakete schrittweise während laufender Studien eingereicht und geprüft werden, um die endgültige Zulassungsentscheidung zu beschleunigen, konnten COVID-19-Impfstoffe innerhalb eines Jahres entwickelt und zugelassen werden.[13]

Außerdem zeigen Studien,[14] dass Menschen ihre Einstellungen oft selbst dann nicht ändern, wenn sie korrigierte Informationen erhalten. Manchmal kann das sogar ihren Glauben an die falschen Informationen verstärken. Das alles zeigt, wie hartnäckig Fehlinformationen und wie schädlich Fake News sein können. Beispielsweise stiegen die Notrufe im US-Bundesstaat

Illinois, nachdem der ehemalige US-Präsident Donald Trump über die Möglichkeit sprach, Desinfektionsmittel gegen Corona einzunehmen. Was im Nachhinein von ihm auf Twitter als Sarkasmus betitelt wurde, wurde von einigen Zuschauern für bare Münze genommen.[15]

Forscher schätzen, dass allein in den ersten drei Monaten der Pandemie, also Anfang 2020, mindestens 800 Menschen weltweit aufgrund falscher Informationen über das Coronavirus gestorben sind. Eine Studie aus dem Jahr 2020 zeigt auch, dass etwa 5800 Menschen aufgrund von Falschinformationen, die sie in sozialen Medien gesehen haben, ins Krankenhaus eingeliefert wurden. Viele von ihnen starben, weil sie dachten, dass Methanol oder Reinigungsmittel auf Alkoholbasis ein Heilmittel gegen das Virus seien, und diese Produkte getrunken haben.[16]

Infodemie

Eine Infodemie liegt vor, wenn es plötzlich viele Informationen und ebenso viele Möglichkeiten gibt, sie zu teilen. Durch den zunehmenden Zugang zu Smartphones und sozialen Medien sind viele Nachrichten im Umlauf, die zu einer Flut von Informationen führen können, die schwer zu sortieren sind und verwirren können. Laut der Weltgesundheitsorganisation verbreitete sich die Infodemie rund um das Coronavirus genauso schnell wie das Virus selbst. Sie zeigt auch, dass Verschwörungstheorien, Gerüchte und kulturelle Stigmatisierungen zu Todesfällen und Verletzungen beigetragen haben.[17]

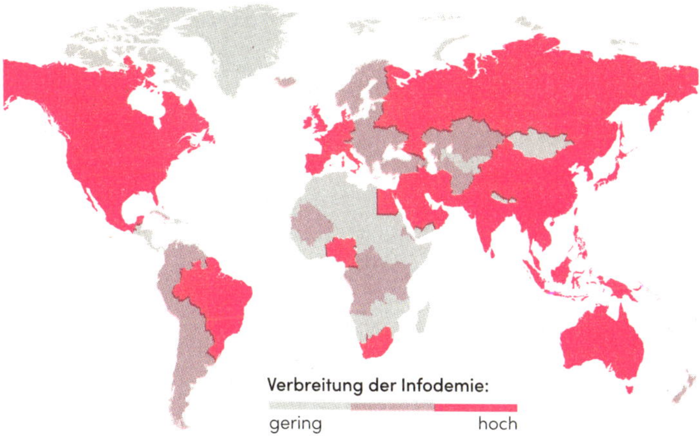

Abbildung 5.1 Verbreitung von Gerüchten, Stigmatisierungen und Verschwörungstheorien in Bezug auf COVID-19

Es gab während der Coronapandemie viele falsche oder irreführende Geschichten, die erfunden und ohne jegliche Überprüfung oder Qualitätskontrolle verbreitet wurden. Einige dieser Fehlinformationen basierten auf Verschwörungstheorien, die durch Social-Media-Kanäle oder auf Telegram und per WhatsApp geteilt wurden. Es gab ungenaue und falsche Informationen über viele Aspekte der Krankheit und der Impfung: wie sie entstanden ist, wie man sie behandelt und wie sie sich verbreitet.

Dabei darf man nicht den Fehler begehen und alle Kritiker politischer Maßnahmen mit den Verschwörungsideologen und Coronaleugnern in einen Topf werfen. Denn wissenschaftliche Erkenntnisse korrekt zu kommunizieren, sodass es auch ein Laie versteht, ist eine Kunst, mit der sich viele Politikerinnen und Politiker ebenfalls schwertaten, beispielsweise die Vermittlung davon, dass Wissenschaft kein fertiges Produkt ist und neue Erkenntnisse scheinbare Wahrheiten überholen und somit absolute Aussagen nur schwer altern. So wurde in der Anfangszeit der Coronapandemie die Meinung vertreten, dass die Viren sich nicht über Aerosole verbreiten. Das wurde später revidiert.

Es war also ein Kampf gegen die Pandemie und die Infodemie in einem. Ein Balanceakt dazwischen, der Verbreitung von Fehlinformationen entgegenzuwirken, über diese aufzuklären und gleichzeitig Fakten und die neuesten wissenschaftlichen Erkenntnisse zu kommunizieren. All diese Herausforderungen im Zusammenhang mit Fehlinformationen machten die Pandemie schlimmer, schadete mehr Menschen und gefährdete das globale Gesundheitssystem.

Fake News und Wahlen

Doch nicht nur während einer globalen Pandemie nahm die Verbreitung von Fake News zu. Vor allem vor Wahlen nehmen sie zu, da sie von bestimmten Personen oder Gruppen verwendet werden, um die Meinung der Öffentlichkeit zu beeinflussen oder um die Glaubwürdigkeit von Kandidatinnen und Kandidaten oder politischen Parteien zu untergraben. So erhöht sich die Interaktionsrate bei Fake-News-Beiträgen kurz vor Wahlen noch mal deutlich, sodass mehr Falschmeldungen als richtige wahre Meldungen im Umlauf sind.

Fake News können auf verschiedene Arten verbreitet werden, zum Beispiel durch die Verwendung von Social Bots, die automatisch Nachrichten versenden, oder durch die Erstellung von Websites, die aussehen wie seriöse Nachrichtenquellen, aber in Wirklichkeit falsche Informationen verbreiten. Die Verbreitung von Fake News auf Social Media kann schwerwiegende Folgen haben, insbesondere vor Wahlen. In einer Studie wurde festgestellt, dass in den drei Monaten vor einer Wahl die Verbreitung, Reaktionen und Kommentare auf Fake-News-Storys die der großen Nachrichtenquellen übertrafen. Es wurde auch beobachtet, dass das Engagement für Fake News im Vergleich zum vorherigen Zeitraum um 53 Prozent gestiegen ist. Eine andere Untersuchung ergab, dass Social-Media-Plattformen einen großen Teil des Web-Traffics auf Fake-News-Websites lenken, im Vergleich zu nur zehn Prozent für seriöse Nachrichten-Websites.[18]

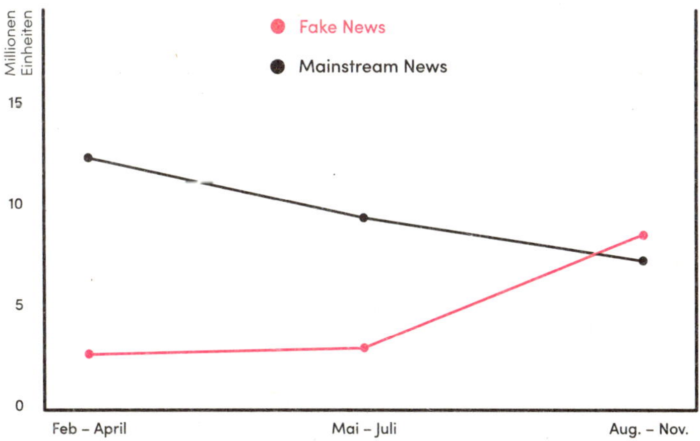

Abbildung 5.2 Vergleich von Engagement in der Wahlperiode zwischen Fake News und Mainstream News im Wahlkampf 2016

Fake News können auch dazu führen, dass das Vertrauen in seriöse Nachrichtenquellen untergraben wird und dass Menschen anfangen, ihre eigenen »Fakten« zu glauben, die sich nicht an der Realität orientieren oder noch schlimmer in ein ganzes Verschwörungskonstrukt eingebettet werden.

Fake News – eine der größten Herausforderungen unserer Zivilisation

Wir Menschen stehen am Anfang des 21. Jahrhunderts vor mehreren Herausforderungen, die nicht leicht zu lösen sind und durch viele Faktoren beeinflusst werden. Denn die Welt war noch nie so dynamisch wie heute – und das erhöht die Komplexität und die Summe der Herausforderungen enorm. Wenn man A ändert, dann hat es nicht nur Einfluss auf B, sondern auch auf C, D, E und vieles mehr. Um mit dieser Komplexität klarzukommen, suchen wir meist einfache Antworten auf komplexe Sachverhalte. Personen oder Personengruppen, die eine einfache, fast schon unterkomplexe Erklärung abgeben, sorgen dafür, dass wir weniger Energie aufbringen müssen, um alle Faktoren zu beachten.

Das Weltwirtschaftsforum veröffentlicht regelmäßig die weltweit zehn größten Risiken für die nächsten zehn Jahre. So auch 2023.[19] In diesem Report ist die Hälfte der genannten Risiken ökologischer Natur, darunter Misserfolg beim Eindämmen des Klimawandels, Extremwetter, Verlust der biologischen Vielfalt und die globale Krise natürlicher Ressourcen. Andere Kategorien betreffen die Gesellschaft, beispielsweise die Schwächung des sozialen Zusammenhalts. Ein weiterer Aspekt ist die Technologie, die den Punkt Cyberkriminalität und Cyberunsicherheit beinhaltet. Die letzte Kategorie berücksichtigt das geopolitische Geschehen und die geoökonomische Konfrontation – das heißt Probleme zwischen verschiedenen Ländern, die sich auf die Weltwirtschaft auswirken.

Was all diese Bereiche eint? Nun, Fake News spielen eine nicht unwichtige Rolle – ganz egal ob als Verstärker, Auslöser, Mittel zum Zweck oder als Waffe. Beispielsweise kursieren in jedem Konflikt, in jeder internationalen Krise und auch im Krieg Fake News und werden aktiv genutzt, um die gegnerische Seite zu schwächen, die Bevölkerung und das Militär zu demoralisieren und die Berichterstattung nach innen und außen zu beeinflussen.

Prorussische Nutzende auf Social Media wiederholen immer wieder die Meinung des Kremls, dass der Einmarsch in die Ukraine eine »spezielle Militäroperation« zur »Entnazifizierung« und »Entmilitarisierung« eines »Neonazi-Staates« sei. Sie versuchen oft, Vorwürfe über russische Kriegsverbrechen herunterzuspielen oder zu behaupten, der Krieg sei ein »Schwindel«. So werden inszenierte Fake-Videos erstellt, in der eine Schaufensterpuppe als Beweis dafür gilt, dass die ukrainischen Behörden die Massentötung von Zivilisten in der Stadt Butscha nur »inszeniert« hätten. Diese Videos stammen aber aus Russland selbst, genauso wie das Video von Leichensäcken, von denen sich einer bewegt, weshalb behauptet wurde, dass die Kriegsopfer erfunden seien. Tatsächlich stammen diese Videos von einer »Fridays for Future«-Protestveranstaltung in Wien.[20]

Apropos »Fridays for Future« und der Einfluss von Fake News auf die Kategorie Umwelt: Fake News zur Leugnung der globalen Klimaerwärmung und zum Umstand, dass der Mensch gehörig dazu beiträgt, sind so alt wie die Erforschung der Klimaerwärmung selbst. Es gibt Unternehmen und Organisationen, die behaupten, dass der Klimawandel angeblich nicht von Menschen verursacht werde, obwohl ein wissenschaftlicher Konsens mit 97 Prozent der Wissenschaftlerinnen und Wissenschaftler längst existiert.[21] Diese Unternehmen und Organisationen haben viel Geld in Kampagnen investiert, um die Meinung der Öffentlichkeit zu beeinflussen und Zweifel an der menschengemachten Ursache des Klimawandels zu säen. Auch haben sie eine Desinformationsstrategie genutzt, die ähnlich ist wie die, die von der Tabakindustrie initiiert wurde, indem sie Wissenschaftler beauftragten und Thinktanks gründeten, um Zweifel an der Forschung zu säen.[22]

Auch sorgen Fake News dafür, dass eine gefühlte Spaltung und Schwächung des Zusammenhalts in der Gesellschaft entstehen. Und zwar in den eben schon beschriebenen Echokammern, die sich zu Gruppierungen formieren und der Demokratie schaden wollen. Aber auch durch die Entwicklung von neuen Technologien, beispielsweise in der Künstlichen Intelligenz, wird es immer schwieriger sein, Wahrheit von Lüge zu trennen.

Deepfake

Es kann passieren, dass du eine Audionachricht oder ein Video von einer Politikerin, einem Wissenschaftler oder einer

Influencerin siehst, die zu etwas aufrufen, eine Behauptung aufstellen oder eine Rede halten, die so niemals stattgefunden hat. Das, was sich wie Science-Fiction anhört, ist Realität und nennt sich Deepfake.[23]

Ein Deepfake ist eine Video- oder Audiodatei, die zur Täuschung anderer von einer Künstlichen Intelligenz erstellt wurde. Deepfakes werden häufig verwendet, um pornografische Inhalte von berühmten Personen zu erstellen, aber sie können auch dazu genutzt werden, politische Reden zu verändern, um falsche Nachrichten oder andere Arten von Desinformation zu verbreiten. Die Sache ist, dass Deepfakes wirklich gut gemacht sein können und es manchmal schwierig ist, sie von echten Aufnahmen zu unterscheiden.

Im März 2022 wurde der ukrainische Präsident Selenskyj Gegenstand eines Deepfake-Videos, das ihm täuschend echt falsche Worte in den Mund legte. Das bearbeitete Filmmaterial zeigt ihn, wie er angeblich seine Bürger auffordert, »die Waffen niederzulegen« und sich zu ergeben. Experten sagen, dass dies der erste Deepfake war, der absichtlich und auf großer Ebene zur Täuschung benutzt wurde und einen Wandel in Bezug auf falsche Informationen im Ukraine-Krieg markierte.[24]

Kein Vertrauen mehr

Bereits Kinder und Jugendliche werden mehr mit Verschwörungserzählungen und sogenannten »Alternativen Fakten« und Fehlinformationen konfrontiert, indem sie Social-Media-Inhalte als Nachrichten heranziehen. Und das hat Folgen. Denn tatsächlich sieht es so aus, als ob die meisten Jugendlichen in Deutschland den Medien nicht vertrauen würden.

Laut einer Umfrage aus dem Jahr 2022,[25] die von der Firma Bayer in Auftrag gegeben wurde und bei der knapp 1600 6- bis 16-Jährige befragt wurden, haben 75,8 Prozent der Kinder und Jugendlichen kein Vertrauen in Zeitungen und 71,6 Prozent kein Vertrauen in Journalistinnen und Journalisten. Mehr als ein Drittel von ihnen glaubt, dass die Medien absichtlich wichtige Informationen zurückhalten, und 32,8 Prozent denken, dass die Medien nur ihre eigene Meinung verbreiten. Auch das Vertrauen in öffentliche Einrichtungen wie Behörden oder politische Organisationen ist sehr geschwächt. Lediglich knapp über die Hälfte vertrauen der Bundesregierung. Wenn Jugendliche wenig Vertrauen in öffentliche Einrichtungen haben, sind sie auch eher dazu geneigt, Verschwörungstheorien zu glauben. Mehr als ein Drittel der Jugendlichen, die ihre Informationen hauptsächlich aus den sozialen Medien beziehen, neigen dazu, Verschwörungserzählungen Glauben zu schenken, während es bei denen, die sich überdurchschnittlich viel über öffentlich-rechtliche Medien informieren, nur knapp über fünf Prozent sind.

Nachdem du dieses Kapitel gelesen hast, entsteht sicherlich das Gefühl, das viele Personen, vor allem junge Erwachsene und Jugendliche verspüren: Angst vor der Zukunft! Krieg in der Ukraine, Coronapandemie, Energiekrise, Inflation und der Klimawandel. Fast scheint es, als würden wir uns in den letzten Jahren von einer Krise zur nächsten hangeln. Schaltet man die Nachrichten ein, so bekommt man oft das Gefühl, als würde die Welt sich schneller drehen – ohne die Zeit, sich auszuruhen.

Wenn wir ständig nur schlechte Nachrichten sehen, kann das langfristig auch negative Auswirkungen haben. Manche Menschen fühlen sich hilflos und wenden sich sogar ganz von den Medien ab, weil sie nicht das Gefühl haben, dass ihnen das, was sie hören, hilft.

Deswegen ist es wichtig, dass wir auch positive Nachrichten sehen und hören. Denn du brauchst neben den ganzen Fake News auch einfach mal ein paar Good News oder, wie ich sie nenne, #newswithbenefits.

Du brauchst Good News

Ich bin, während ich dieses Buch schreibe, 29 Jahre alt. Ich kann mir kaum vorstellen, dass im Jahr 1850 die Lebenserwartung im Durchschnitt weltweit bei genau diesem Alter lag. 150 Jahre später lag die durchschnittliche Lebenserwartung weltweit bei 46 Jahren[26] und 2022 bei 72 Jahren,[27] was auf verbesserte medizinische Versorgung, den Zugang zu sauberem Wasser, sanitären Anlagen und besserer Ernährung zurückzuführen ist. Die Menschen leben heute länger und gesünder als je zuvor, und das Potenzial für weiteres Wachstum in diesem Bereich ist vielversprechend.

Zweitens hat sich die Kindersterblichkeit seit 1990 mehr als halbiert, wobei die Anzahl der Todesfälle von Kindern unter fünf Jahren von 12,5 Millionen auf etwa 5 Millionen gesunken ist. Dieser Rückgang ist auf verbesserte Gesundheitssysteme, bessere Ernährung, Trinkwasser- und Sanitärversorgung sowie kostengünstige vorbeugende Maßnahmen wie Moskitonetze und Impfungen zurückzuführen. In ärmeren Entwicklungsländern, insbesondere in Subsahara-Afrika und Südasien, wurden ebenfalls erhebliche Verbesserungen bei der Senkung der Kindersterblichkeitsrate erzielt.[28]

Drittens machen wir weltweit in den letzten zehn Jahren bedeutende Fortschritte im Bildungsbereich, insbesondere beim Zugang zu Bildung und bei der Einschulungsquote von Frauen und Mädchen. Jedoch besteht noch Verbesserungsbedarf, um die UN-Bildungsziele zu erreichen. Trotz Fortschritten besucht jedes fünfte Kind im Alter von 6 bis 17 Jahren nicht die Schule. Insbesondere in Subsahara-Afrika und Südasien sind die Einschulungsraten problematisch. Die Alphabetisierungsraten von Jugendlichen haben sich jedoch verbessert. Die Weltgemeinschaft strebt an, bis 2030 allen Menschen eine hochwertige und chancengerechte Bildung zu ermöglichen.[29]

Viertens zeigen Forschungen, dass das Ozonloch kleiner geworden ist und ozonschädigende Stoffe um die Hälfte zurückgegangen sind. Trotz dieser Verbesserung gibt es immer noch ein großes Ozonloch über der Antarktis. Die Ozonschicht schützt uns vor gefährlicher UV-Strahlung und ist durch menschengemachte ozonabbauende Substanzen bedroht. Internationale Verträge wie das Montrealer Protokoll zielen darauf ab, die Ozonschicht zu schützen und wiederherzustellen. Forscher sind optimistisch, dass die Ozonschicht sich in den nächsten 50 Jahren erholen könnte, vorausgesetzt, wir erfüllen die Ziele der internationalen Verträge.[30]

Insgesamt zeigen diese positiven Entwicklungen, dass unsere gemeinsamen Anstrengungen Früchte tragen können und dass wir als globale Gemeinschaft in der Lage sind, echte und dauerhafte Veränderungen zu bewirken. ×

6

DIE PSYCHOLOGIE HINTER FAKE NEWS

Auf dieses Kapitel habe ich mich persönlich am meisten gefreut. Ich hoffe, du bist auch schon ganz aufgeregt, denn seit einigen Jahren ist das Thema Fake News mit eines der interessantesten Gebiete der Psychologie geworden. Nicht nur, weil es relevanter denn je ist, sondern auch weil diese Relevanz dafür sorgt, dass das Postfaktische – oder umgangssprachlich eben Fake News – mehr erforscht wird. Dabei entstehen verschiedene interessante Fragestellungen, die wir in diesem Kapitel beleuchten. Zum Beispiel, warum sich Fake News so schnell verbreiten? Und wer verbreitet sie überhaupt? Gibt es Menschen, die anfälliger sind als andere? Welche psychologischen Effekte stecken dahinter, und wie schaffe ich es, aus dem Teufelskreis der Fake News wieder rauszukommen?

Red-Queen-Hypothese

Eine der metaphorischen Geschichten, die ich in vielen Lebensbereichen einsetze, ist die von der roten Königin aus dem Kinderbuch *Alice hinter den Spiegeln*, einer Fortsetzung zu *Alice im Wunderland* von Lewis Carroll.

In dieser Szene begegnet Alice der roten Königin. Sie nimmt Alice an die Hand, und gemeinsam rennen sie los. Alles, woran sich Alice im Anschluss erinnern kann, ist, dass die Königin so schnell rannte, dass Alice alles geben musste, um mitzuhalten. Die Königin rief dennoch: »Schneller! Schneller!« Und Alice rannte so schnell, dass sie kaum noch Luft bekam. Das Merkwürdige daran: als Alice beim Rennen einen Blick auf ihre Umgebung wirft, scheinen die Bäume, Steine und der Boden stillzustehen. Ganz so, als ob Alice auf der Stelle rennen würde. Oder noch seltsamer: als würde sich die Umgebung mit der gleichen Geschwindigkeit mitbewegen.

Als sich Alice darüber wundert, errät die Königin ihren Gedanken und sagt zu ihr: »Hier musst du so schnell rennen, wie du nur kannst, um auf derselben Stelle zu bleiben. Wenn du woanders hinwillst, musst du zweimal so schnell rennen. Rennst du langsamer, so fällst du zurück.«

Tatsächlich hat die sogenannte Red-Queen-Hypothese als Metapher sogar Eingang in die Evolutionsbiologie gefunden – denn so manche Spezies muss sich schneller als andere entwickeln, um zu überleben. Ähnlich ist es im ständigen Wettstreit von Lebewesen und Viren der Fall. Je stärker unsere Immunität gegenüber Viren wird, desto eher passen sich diese im Laufe der Evolution an die Umgebung an, um zu bestehen. Eine Antilope muss schneller laufen lernen als ein Löwe, um diesem zu entkommen, und ein Löwe muss sich entweder eine andere Beute suchen, oder nur die schnellsten Löwen überleben, sodass ein Evolutionsdruck in Richtung der Schnelligkeit besteht.[1]

Das ist natürlich sehr vereinfacht beschrieben, aber diese Metapher kann man auch auf den Sport anwenden. Ein Weltspitzenläufer, der den ersten Platz belegt hat, kann sich nicht auf seinem Erfolg ausruhen, sondern muss alles geben, um den Titel zu behalten. Tut man weniger, so fällt man zurück. Möchte man allerdings einen Weltrekord brechen, muss man doppelt so viel geben.

Tatsächlich könnte man die Red-Queen-Hypothese und die darin verborgene Metapher auch auf den Wettkampf zwischen Fake News und Fakten anwenden, die um Verbreitung, Überzeugung und deine Aufmerksamkeit ringen. Fakten können sich nicht darauf ausruhen, dass sie Fakten sind. Denn im Endeffekt glauben Menschen an das, was sie zuerst erreicht, was ihre Aufmerksamkeit auf anderem Wege bekommt oder was am schnellsten verarbeitet wird. Je besser die Aufklärung von Fake News wird, desto besser versuchen Fake News, Mittel zu finden, die es schwierig machen, sie von realen Nachrichten zu unterscheiden.

Ein Forscherteam[2] des MIT untersuchte, wie sich Fake News im Internet verbreiten. Es analysierte dafür 126 000 Nachrichten-Ketten von Twitter und wertete diese aus. Die Nachrichten-Ketten beinhalteten Tweets, Re-Tweets und Re-Re-Tweets, somit also auch die Wiederverbreitung dieser Nachrichten. Die Nachrichtenketten wurden in drei Gruppen unterteilt: wahr, falsch oder gemischt. Zunächst stellte das Forscherteam fest, dass von den 126 000 Nachrichten, die kursierten, zwei Drittel falsch waren. Ungeachtet dessen verbreiteten sich die Falschnachrichten sowohl schneller als auch häufiger. Falschmeldungen haben laut Forschung sechsmal kürzer gebraucht, um 1500 Personen zu erreichen. Dies war vor allem bei politischen Nachrichten der Fall.

Jetzt könnte man meinen, dass hinter der Verbreitung einfach nur Bots stecken. Das macht es natürlich nicht besser, da sich die Fake News trotzdem verbreiten, doch die Wissenschaft setzte eine Software ein, welche die Social Bots herausfilterte. Und siehe da: Die Ergebnisse blieben gleich, was die Forschenden zur Schlussfolgerung führte, dass Menschen in größerem Maße für die Verbreitung von falschen Nachrichten verantwortlich sind. Selbst wenn man Alter, Aktivität und die Anzahl der Twitter-Kontakte herausrechnet, werden falsche Nachrichten mit einer Wahrscheinlichkeit von 70 Prozent geteilt.

Aber bevor wir zu den Mechanismen hinter der Verbreitung von Fake News kommen, sollten wir kurz noch die Frage klären, warum wir solche Falschnachrichten mit anderen teilen – und somit selbst für die Verbreitung sorgen.

Warum teilen wir Fake News?

Sicherlich kennst du die folgende Situation: Du bist in einer WhatsApp-Gruppe mit deiner Familie oder Freunden, und zwischen ganz normalen Konversationen über wirklich wichtige Dinge, Small Talk und schlechten Scherzen schickt irgendwer plötzlich einen Link, dessen Vorschaubild eine große Überschrift zeigt, die man nicht überlesen kann: »Die ganze Wahrheit über XY«, heißt es da. Oder jemand schickt ein skurriles

Video von Magneten, die am Arm eines gerade gegen Corona geimpften Menschen hängen bleiben, und kommentiert das Ganze mit einem trotzigen »Seht ihr!« oder der Frage »Wann wachen wir endlich alle auf?!«.

Meist steckt hinter der großen, panikerzeugenden Überschrift nicht viel Substanz, und die Überschrift ist eher ein Clickbait. Doch warum werden solche Artikel oder Videos mit Verschwörungserzählungen in Gruppen, als Tweet auf Twitter oder in der eigenen Story auf Instagram geteilt? Zur reinen Unterhaltung oder aus Boshaftigkeit? Eher nicht.

Wir müssen davon ausgehen, dass die teilende Person, gar nicht weiß, dass sie gerade eine Fake News verbreitet. Denn zu wissen, dass es eine Fake News ist, und diese dann auch aktiv zu verbreiten, würde von Fahrlässigkeit zeugen. Dann würde man eine bestimmte Agenda verfolgen, um zu versuchen, die Meinung der Öffentlichkeit (oder in dem Fall der Familie) in eine bestimmte Richtung zu lenken.

So beispielsweise auch kurz vor der Bundestagswahl geschehen, als es speziell auf TikTok Accounts gab, die Falschmeldungen über die Grünen und ihre angebliche Verbotsagenda geteilt haben, die von Millionen von Menschen geschaut wurden. Um dem entgegenzuwirken, klärte ich über alle angeblichen Verbote auf, was ebenfalls eine große Reichweite erzielte. Aber das passiert lange nicht bei allen Fake News. Viele bleiben erst mal unkommentiert stehen und werden munter weiterverbreitet. Nur wenige User machen sich die Mühe, die in den Videos getätigten Behauptungen zu überprüfen.

Die Verbreiter von Fake News wollen eigentlich nur helfen?

Es gibt viele Gründe, warum Menschen Fake News teilen. Einige Leute teilen Fake News, weil sie glauben, dass sie wahr sind und sie anderen Menschen helfen können, indem sie sie informieren. Eine Studie,[3] die genau das während der Corona-Pandemie untersuchte, bestätigt diese Hypothese. Es wurde klar: Informationsaustausch und Altruismus haben einen signifikanten Zusammenhang mit dem Teilen von Fake News. Altruismus beschreibt Verhalten, bei dem eine Person das Wohlergehen oder das Glück einer anderen Person über ihr eigenes stellt. Es ist eine Form der Selbstlosigkeit, bei der sich jemand für das Wohl anderer einsetzt – ohne im Gegenzug etwas zu erwarten. Man möchte seiner Peer-Gruppe etwas Gutes tun und ihr bestimmte Informationen, die man gerade erhalten hat, nicht vorenthalten. Also teilt man sie. Und je nach Thema muss genau das ziemlich schnell gehen. Da bleibt oft gar keine Zeit, sich tiefgründig mit dem Thema zu befassen. Genau das ist natürlich der falsche Ansatz.

Paradox, denn tatsächlich kam die Studie auch zu dem Ergebnis, dass Fake News oft geteilt werden, damit die Zeit schneller verstreicht. Richtig gelesen: Zeitvertreib ist ein wesentlicher Grund fürs Verbreiten von Fake News. Ist ja auch klar: Während man auf den Zug wartet, im Wartezimmer Platz nimmt oder im Büro gerade nichts zu tun hat, könnte man auch ein Handyspiel spielen, etwas lesen – oder man teilt einfach Fake News. Eben genau in den Momenten, in denen man sich zwischen Tür und Angel befindet und nicht intensiv mit einem Thema beschäftigen kann, geschweige denn den Artikel selbst gelesen hat. Oft bleibt nur Zeit für die Überschrift, und wir denken uns: »Lieber teilen wir diese Information einmal mehr als einmal zu wenig.«

Interessanterweise zeigt sich, dass wir genau dieses Verhalten bei echten Nachrichten nicht an den Tag legen. Eine Erklärung könnte sein, dass Fake News mit Emotionen spielen sollen, reißerische Überschriften benutzen und nicht differenziert berichten. Ein weiterer, nicht zu vernachlässigender Grund ist die Suche nach Informationen. Offenbar sind viele Menschen auf der Suche nach Antworten darauf, wie sie sich vor dem Virus schützen, aber leider landen sie dabei manchmal auf Seiten mit unzuverlässigen Informationen. Die Suche nach Informationen ist die häufigste Tätigkeit, die Menschen in sozialen Medien ausführen. Es scheint, dass der Wunsch, immer auf dem neuesten Stand zu sein, dazu führt, dass Menschen in sozialen Netzwerken Fake News teilen, besonders in Bezug auf Krisensituationen. Gibt es neue Informationen zur Inflation, zum Krieg in der Ukraine oder bestimmten anderen Ereignissen auf der Welt? Da auf Social Media jeder posten kann und Algorithmen polarisierende Beiträge pushen, tauchen vermehrt Fake News in deinem Social-Media-Feed auf.

Manche Menschen teilen Fake News auch, um sich zum Beispiel in einer WhatsApp-Gruppe ins Gespräch einzubringen. Small Talk liegt bekanntlich nicht jedem, und es ist um einiges einfacher, einen Link zu einem brisanten Artikel zu posten und so ein Gespräch zu starten. Eine Studie[4] zeigt auch, dass Menschen eher bereit sind, Informationen zu teilen, die von einem Freund in sozialen Medien geteilt wurden oder jemandem, dem sie vertrauen. Somit lässt sich ableiten, dass Nutzende sozialer Medien Informationen, die von Freunden und Familienmitgliedern stammen, mehr Vertrauen entgegenbringen. Somit dürften auch die sozialen Faktoren einen weiteren Grund für das Teilen von Fake News darstellen.[5]

In einer aktuellen Studie mit 2476 Teilnehmern untersuchten Forschende, warum Menschen Falschinformationen in sozialen Medien verbreiten. Die Studie ergab, dass Nutzende auf Social-Media-Plattformen gewohnheitsmäßig Informationen teilen, die andere interessieren. Die Forschenden stellten fest, dass 30 bis 40 Prozent der geteilten Falschmeldungen in der Studie auf 15 Prozent der Nutzenden zurückzuführen waren, die am meisten Nachrichten teilten. Dies deutet darauf hin, dass das Teilen von Falschinformationen Teil eines größeren Musters ist, das durch soziale Medien entsteht. Interessanterweise haben diese Nutzenden sogar manchmal Informationen geteilt, die ihren eigenen politischen Meinungen widersprachen.

Die Studie legt nahe, dass das Teilen von Falschinformationen nicht unvermeidlich ist und dass soziale Medien verändert werden könnten, um das Teilen korrekter Informationen zu fördern.[6]

Auch ich habe beobachten können, wie Influencer Unwahrheiten verbreiten. Diese Inhalte wurden von den Plattform-Algorithmen bevorzugt und erreichten dadurch viele Menschen. Dies führte dazu, dass die Influencer mehr Follower, Klicks und letztendlich Einnahmen erhielten. Mit der Zeit kann es passieren, dass man die Wichtigkeit der Wahrheit aus den Augen verliert, weil man sich an die Belohnungsgefühle von vielen Klicks und viel Aufmerksamkeit gewöhnt hat.

Sind manche Personen besonders anfällig für Fake News?

Bist du selbst schon mal auf Fake News hereingefallen? Vielleicht hast du einem Fitness- oder Ernährungsmythos auf Instagram geglaubt oder einem Video, das dir von einem Freund geschickt wurde. Oder vielleicht war es sogar die angebliche Enthüllung einer Verschwörung, die besonders wilde Behauptungen aufstellte und sich als alleinige Quelle der Wahrheit ausgab. Keine Angst: Es passiert jedem irgendwann mal. Dabei spielt es kaum eine Rolle, ob man jung oder älter ist.

Das Elaboration Likelihood Model (ELM) gibt uns eine Erklärung dafür, wie wir Informationen verarbeiten und uns so auch beeinflussen lassen: entweder auf einer zentralen oder peripheren Route. Wenn das Thema für uns persönlich relevant ist und wir uns damit beschäftigt haben, verarbeiten wir die Informationen über die zentrale Route und achten auf die Argumentationsqualität. Aber wenn wir uns mit dem Thema noch nicht auskennen oder es uns nicht so relevant erscheint, verarbeiten wir dazugehörigen Input über die periphere Route. Dann spielen folgende Faktoren eine wichtige Rolle: die Aufmachung der Fake News, visuell ansprechende oder schockierende Bilder, sensationelle Überschriften, die Vertrautheit des

Kanals oder des Influencers, der sie verbreitet, und die Vertrauenswürdigkeit des Verfassers bzw. der Quelle, zum Beispiel, weil sie uns und unsere Einstellung widerspiegelt oder ihr ähnelt. Wenn wir den öffentlich-rechtlichen Medien skeptisch gegenüberstehen, dann sind wir eher bereit, einer alternativen Quelle zu vertrauen – selbst wenn sie keine Qualifikationen im entscheidenden Themenbereich hat.

Eine Studie[7] untersuchte, welche Faktoren dazu beitragen, dass wir falsche Informationen glauben oder ablehnen. Dabei wurde es in Hinblick auf das oben genannte Elaboration Likelihood Model erforscht, und zwei Arten von Faktoren wurden berücksichtigt: zentrale Hinweise, wie die Qualität der Argumente und die thematische Relevanz, und periphere Hinweise, wie die Wirkung des Bildes, die Vertrauenswürdigkeit der Quelle und die Ähnlichkeit des Verfassers bzw. der Quelle zu uns selbst.

Die Studie untersuchte auch, ob unsere Fähigkeit, Informationen richtig zu verarbeiten, also die Informationskompetenz, eine Rolle bei diesen Entscheidungen spielt. Die Ergebnisse zeigten, dass die Absicht, Nachrichten zu teilen, stark mit unserem Glauben an die Nachricht verbunden ist, obwohl die meisten Nutzer Tweets teilen, ohne den Inhalt zu lesen. Die Qualität der Argumente spielt eine wichtige Rolle bei der Verarbeitung von Fake News, und die Vertrauenswürdigkeit der Quelle beeinflusst unsere Wahrnehmung von falschen Nachrichten.

Unsere Fähigkeit, Informationen richtig zu verarbeiten, hat jedoch keinen Einfluss auf die Beziehung zwischen den zentralen und peripheren Hinweisen und unserem Glauben an falsche Nachrichten. Stattdessen hat sie direkt Einfluss darauf, ob wir falsche Nachrichten auf Nachrichten-Websites glauben, aber nicht auf sozialen Medien. Zusätzlich zeigen die Ergebnisse, dass der Einfluss von peripheren Hinweisen auf unseren Glauben an falsche Nachrichten auf sozialen Medien stärker ist als auf Nachrichten-Websites.

Dunkle Persönlichkeit

Eine neue Studie[8] hat herausgefunden, dass Menschen mit ausgeprägten Persönlichkeitsmerkmalen, die der sogenannten dunklen Tetrade zugerechnet werden (Narzissmus, Machiavellismus, Psychopathie und Sadismus), eher dazu neigen, die Realität zu verbiegen, um ihren eigenen Vorteil zu sichern. Dies geschieht vor allem, wenn sie nicht daran glauben, dass es einen Unterschied zwischen wissenschaftlichen Erkenntnissen und Meinungen gibt. Solche Menschen können wahre Aussagen auch schlechter von falschen unterscheiden und sind somit eher anfällig für Fake News. Eine weitere Studie[9] hat gezeigt, dass Menschen mit solchen »dunklen Persönlichkeitsmerkmalen« während der COVID-19-Pandemie eher zu Verschwörungstheorien neigten.

Allerdings ist es nicht nur diese Gruppe, die anfällig für Fake News ist. Auch Menschen, die nicht an die Kraft von Beweisen und Argumenten glauben, lassen sich nicht durch Fakten umstimmen. Epistemische Überzeugungen, also Überzeugungen über die Art und Weise, wie wir Wissen erlangen, bilden sich in der Kindheit und Jugend und verfestigen sich im Laufe der Zeit. Während kleine Kinder bei vielen Fragen nur Schwarz oder Weiß wahrnehmen, lernen sie später, Meinungen als gleichwertig anzusehen. Im Erwachsenenalter neigen Menschen jedoch dazu, Meinungen, die ihren eigenen entsprechen, als wahr anzusehen und solche, die anders sind, als falsch. Dies kann dazu führen, dass sie an Verschwörungstheorien und Fake News glauben.

Genau dieses Phänomen führt dazu, dass wir unsere Meinung bestätigt haben wollen und nur nach Quellen suchen, die unsere Meinung bestärken, nicht aber nach Quellen, die unsere Meinung und Einstellung widerlegen würden.

Psychologische Mechanismen von Fake News[10]

Es gibt verschiedene psychologische Faktoren, die bei der Verbreitung von Fake News eine Rolle spielen können. Dazu gehören die folgenden:

Confirmation Bias oder Continued-Influence-Effekt: Menschen bevorzugen Fake News, die ihre eigenen Ansichten bestätigen, anstatt sich mit alternativen Perspektiven auseinanderzusetzen.

Emotionaler Anreiz: Angst, Wut, Freude oder Mitleid können dazu beitragen, dass Menschen eher bereit sind, Fake News zu glauben.

Social Proof oder Bandwagon-Effekt: Menschen sind eher bereit, Informationen zu glauben, wenn sie denken, dass auch andere diese Informationen glauben.

Mere-Exposure-Effekt oder Availability Heuristic/ Cascade: Je häufiger Nachrichten präsentiert werden, desto eher werden sie geglaubt, selbst wenn sie keinerlei wissenschaftliche Grundlage haben.

Third-Person-Effekt: Er beschreibt die Überzeugung, dass andere Menschen mehr von den Auswirkungen von Nachrichten betroffen sind als man selbst.

Narrative Transportation Theory: Wenn sie sich emotional von einer Geschichte angesprochen fühlen, glauben Menschen sie eher.

Information Overload: Wenn Menschen mit zu vielen Informationen konfrontiert werden, neigen sie dazu, sich auf einige wenige zu konzentrieren und andere zu ignorieren.

Bias Blind Spot: Oft erkennen Menschen ihre eigenen Vorurteile nicht, während ihnen das bei anderen leichtfällt.

Authority Bias: Anerkannten Autoritäten oder Experten wird schnell Glaube geschenkt, ohne sich die Mühe zu machen, ihre Aussagen zu überprüfen.

Negativity Bias oder Declinism: Menschen tendieren dazu, sich auf negative Informationen und Ereignisse zu konzentrieren und diese zu übertreiben, während positive Informationen und Ereignisse vernachlässigt werden.

Hostile-Media-Effekt: Wenn wir an eine bestimmte Fake News glauben, werden wir eher dazu neigen, Nachrichtenquellen zu ignorieren, die diese Fake News widerlegen, weil wir sie als feindlich empfinden.

Backfire-Effekt: Wenn unsere Meinungen direkt angegriffen werden, verstärken wir sie eher und verteidigen sie, anstatt sie zu überdenken.

Repräsentativitätsheuristik: Menschen tendieren dazu, Ereignisse oder Personen anhand von Stereotypen und Vorurteilen zu beurteilen, anstatt sich auf Fakten zu stützen.

Behauptung: *Wir essen in der Nacht mehrere Spinnen im Jahr.*

Du brauchst keine Fake News!

Diesem sehr weit verbreiteten Mythos fehlt jegliche Grundlage. Denn hierzu gibt es keine Quelle. Sie existiert in verschiedenen Formen; eine andere verbreitete Version besagt, dass man im Durchschnitt 20 Stück in seinem Leben verschluckt.

Insgesamt spielen all diese psychologischen Faktoren bei der Verbreitung von Fake News eine wichtige Rolle, da sie dazu beitragen, dass Menschen anfälliger für die Annahme von Falschinformationen sind, anstatt sich die Mühe zu machen, die Wahrheit zu überprüfen. Es ist wichtig, sich bewusst zu machen, wie diese Faktoren unser Denken und Verhalten beeinflussen können, um besser in der Lage zu sein, Fake News zu erkennen und sich auf Fakten und Beweise zu stützen.

Ein weiterer wichtiger Faktor, der bei der Verbreitung von Fake News eine Rolle spielt, ist die Aufmerksamkeit. In der heutigen Welt, in der es so viele verschiedene Informationsquellen gibt, ist es schwierig, die Aufmerksamkeit der Menschen auf sich zu ziehen. Fake-News-Erstellende haben oft Erfolg, da sie durch polarisierende oder skandalöse Schlagzeilen oder Inhalte auffallen und Emotionen wecken. ×

7

VERSCHWÖRUNGSTHEORIEN – WELCHEN ALUHUT TRAGEN WIR HEUTE?

Was haben die Mondlandung, eine Pizzeria, Angela Merkel, 9/11, die Kondensstreifen, die am Himmel zu sehen sind, das neue 5G-Netzwerk und das Coronavirus gemeinsam? Richtig, zu all diesen Themen gibt es Verschwörungstheorien, die auf Social Media, in der Stammkneipe oder Shishabar besprochen und verbreitet werden. Doch ist an ihnen etwas Wahres dran? Wer verschwört sich eigentlich gegen wen? Und warum glauben nicht gerade wenige Menschen an diese »Theorien«. Genau darum geht es in diesem Kapitel. Doch fangen wir ganz vorne an. Und zwar mit der Frage:

Was sind eigentlich Verschwörungstheorien?

Stell dir vor, dass alles, was um dich herum passiert, Teil eines großen Plans ist. Nicht irgendein Plan, sondern ein geheimer Plan, den du durchschaut hast. Du weißt: Dieser Plan wurde von einer Gruppe ganz besonders böser Menschen geschmiedet. Denn nichts geschieht aus bloßem Zufall, und es gibt schließlich nur Gut und Böse. Und weil diese böse Gruppe versucht, ihre Absichten sorgfältig zu verbergen, braucht es Menschen wie dich, die hinter die Fassade schauen.

So ungefähr könnte das Weltbild eines Verschwörungstheoretikers aussehen. Könnte, wohlgemerkt. Aber das wäre doch zu einfach! Denn früher hielt man Verschwörungstheoretiker vielleicht für Spinner, doch in den letzten Jahren hat man selbst von Professorinnen und Professoren, Comedians, beim Arztbesuch oder wenn die Handwerkerin oder der Handwerker vorbeischaut, die ein oder andere Verschwörungstheorie mitbekommen – zum Beispiel, dass Microsoft-Gründer Bill Gates mit der Impfung einen Chip in die Menschen einbauen möchte, um diese zu kontrollieren.

Verschwörungstheorien sind längst kein kleines Phänomen mehr, sondern allgegenwärtig. Es gibt Forschungsergebnisse, die zeigen, dass Menschen, die sich unsicher fühlen oder Schwierigkeiten haben, Unsicherheit zu akzeptieren, eher an Verschwörungstheorien glauben und dass Menschen mit höherem Bildungsniveau weniger anfällig für Verschwörungstheorien sind.[1] Jedoch gibt es keinen bestimmten Personen-Typus, der eher oder vermehrt an Verschwörungstheorien glaubt. Sie kommen aus allen ethnischen Gruppen und Bereichen des Lebens. Somit ist jeder anfällig für sie, es braucht nur die richtigen Stellschrauben. Denn Verschwörungstheorien entstehen nicht aus dem Nichts. Sie sind eine vereinfachte und verzerrte Antwort auf echte gesellschaftliche Probleme, die von der Angst der Menschen, die an sie glauben, verstärkt werden.

Dabei haben Verschwörungstheorien oft einen Auslöser wie ein prägendes (historisches) Ereignis – die Terroranschläge auf das World Trade Center in New York im Jahr 2001 zum Beispiel, die unter Verschwörungstheoretikern als ein »Inside Job« der Regierung gesehen werden.

Verunsicherung, Angst und auch Misstrauen den offiziellen Angaben gegenüber schaffen Platz für diverse Theorien. Diese Theorien sind in der Regel eine Alternative zur herrschenden Meinung und behaupten, dass man, wenn man nur tief genug gräbt, versteckte Verbindungen zwischen Menschen, Institutionen und Ereignissen entdecken wird, die erklären, was wirklich vor sich geht.

Wie backt man eine Verschwörungstheorie?

Eine Verschwörungstheorie entsteht, wenn jemand die offizielle Version einer Geschichte infrage stellt. Entsprechen die Schilderungen wirklich der Wahrheit? Steckt mehr dahinter? Stellt jemand diese Fragen, löst das im Gegenüber oft Skepsis aus. Man fragt sich, ob man vielleicht doch nicht alle Informationen hat und ob derjenige, der gerade diese Fragen stellt, nicht vielleicht doch mehr als wir über das Ereignis weiß. Aus der Angst, falsche Informationen zu haben, sind wir erst mal offen und interessiert und schenken dem Ganzen mehr Aufmerksamkeit.

Jetzt werden uns Ungereimtheiten serviert, oder es wird sich auf kleine Details fokussiert, die vom großen Ganzen ablenken. Zum Beispiel das Detail, dass am 11. September 2001 neben den Twin Towers auch das WTC 7 eingestürzt ist – und zwar ohne dass ein Flugzeug hineingeflogen ist. Die-

REZEPT FÜR DEN VERSCHWÖRUNGSKUCHEN

Zutaten

- 1 Teil Skepsis gegenüber offizieller Version einer Geschichte
- 1 Teil Fragen nach versteckten Informationen
- 1 Prise Angst, falsche Informationen zu haben
- 2 Teile Ungereimtheiten
- 3 Teile Fokus auf kleine Details
- 1 Päckchen Alternativerklärungen
- 1 Schuss Verleugnung oder Verzerrung von widerlegenden Informationen
- 2 Teile Wortmeldungen von Skeptikern
- 1 Teil Mere-Exposure-Effekt
- 1 Pinch Social Media zur Verbreitung
- Optional: 1 Messerspitze Glaube an Verschwörungstheorien

Zubereitung

- Vermenge Skepsis, Fragen und Angst in einer Schüssel.
- Füge Ungereimtheiten hinzu und rühre, bis sie gut vermischt sind.
- Fokussiere dich auf kleine Details und gib Alternativerklärungen hinzu.
- Verleugne oder verzerre widerlegende Informationen und mische sie unter.
- Verbreite die Wortmeldungen von Skeptikern.
- Optional: Gib eine Messerspitze Glaube an Verschwörungstheorien hinzu.
- Verbreite alles über Social Media und lass es aufgehen.
- Serviere und genieße deine perfekte Verschwörungstheorie.

Abbildung 7.1 Rezept, um eine Verschwörungstheorie zu backen

ses Detail und die damit einhergehenden Ungereimtheiten dienen dann als Aufhänger für die Präsentation einer Alternativerklärung oder sind Teil eines größeren Geflechts von Verschwörungstheorien. Dabei werden alle Informationen, die diese Verschwörungstheorien widerlegen, einfach ausgeblendet, verleugnet oder sogar zum Teil der Verschwörung gemacht. So erklärten nach den Anschlägen viele Expertinnen und Experten, dass die Twin Towers sehr wohl durch den Zusammenstoß mit einem Flugzeug in sich zusammenstürzen konnten. Diese Expertinnen und Experten wurden aber von den Verschwörungstheoretikern kurzerhand zum Teil der Verschwörung erklärt und nur die Wortmeldungen der Skeptiker dieser Aussage weiterverbreitet. Und schon hat man eine perfekte Verschwörungstheorie, die erklärt, dass hinter dem Einsturz des World Trade Centers kein terroristischer Anschlag, sondern geheime Mächte stecken. Und genau die werden dann in Umlauf gebracht. Am besten mithilfe von Social Media.

Durch die wiederholte Verbreitung der Verschwörungstheorien entstehen der im vorherigen Kapitel besprochene Mere-Exposure-Effekt und die Verfügbarkeitskaskade. Das, was ich häufig sehe oder gehört habe, ist einfacher zu verarbeiten, wird als angenehmer empfunden und als wahrer bewertet, nur weil es so weit verbreitet ist. Doch auch wenn die Verbreitung von Verschwörungstheorien durch Social Media zugenommen hat, so zeigt eine Studie[2] aus dem Jahr 2022, dass es keinen Beweis dafür gibt, dass auch der Glaube an Verschwörungstheorien zugenommen hat.

Warum glauben Menschen an Verschwörungstheorien?

Viele Menschen finden Verschwörungstheorien attraktiv, weil sie helfen, die Welt zu verstehen und Unsicherheit zu bewältigen. Sie bieten eine vereinfachte Erklärung für Dinge, die passieren, und machen es leichter, jemandem die Schuld für etwas zu geben. Eine Verschwörungstheorie erklärt, warum Dinge passieren und wer dafür verantwortlich ist, anstatt als Begründung einfach den Zufall heranzuziehen.

Verschwörungstheorien ermöglichen es Menschen, sich von anderen abzugrenzen und sich mit Gleichgesinnten zu verbinden. Sie können dazu führen, dass Menschen andere Menschen oder Gruppen als böse darstellen, und so ein Gefühl von Zusammengehörigkeit schaffen. Ebenfalls können sie eine Entlastung mit sich bringen, weil mit ihnen der Glaube einhergeht, man habe eh keinen Einfluss auf das Geschehen, da mächtige Verschwörer für alles, was passiert, verantwortlich sind.

Forschende haben sieben Merkmale des konspirativen Denkens identifiziert und diese mit dem Akronym CONSPIR zusammengefasst:[3] Widersprüchlichkeit (Contradictory, C), Generalverdacht (Overriding Suspicion, O), Üble Absichten (Nefarious Intent, N), das Gefühl, dass etwas nicht stimmt (Something must be wrong, S), die Rolle als Opfer (Persecuted Victim, P), Immunität gegen Beweise (Immune to Evidence, I) und die Neuinterpretation von Zufälligkeiten (Re-Interpreting Randomness, R). Menschen, die an Verschwörungstheorien glauben, können Ideen glauben, die sich widersprechen, haben ein übermäßiges Misstrauen und sind davon überzeugt, dass die Gesellschaft geschädigt werden soll. Sie halten die offizielle Erklärung für falsch und sehen sich selbst als Opfer und Helden im Kampf gegen den Mainstream. Sie sind immun gegen Beweise und interpretieren Zufälligkeiten immer so, dass sie zu ihrer Verschwörungserzählung passen. Dabei werden oft Muster in Zahlen, Texten und Zufälligkeiten gefunden.

Mustererkennung

Um die offizielle Version eines Ereignisses oder einer Geschichte anzuzweifeln, reicht es, wenn man Muster und Zusammenhänge erkennt, die entweder zufällig auftauchen oder schlichtweg keine sind. Doch unser Gehirn ist sehr gut darin, Dinge, Gegenstände, Melodien, Sätze oder auch uns Menschen selbst in Muster und Kategorien einzuordnen. Im Grunde ist das zielführend, da Informationen durch diese Einordnung und Kategorisierung leichter gespeichert und abgerufen werden können. So sehen wir in Gegenständen oft ein Gesicht (beispielsweise zwei Knöpfe als Augen), obwohl eigentlich keins vorhanden ist. Dabei entstehen Fehldeutungen dieser Muster. Ein Experiment zeigte auch, dass wir eher dazu tendieren, in einem Bild aus zufälligen Punkten und Strichen ein Muster oder ein Objekt zu erkennen, wenn wir davor an Missstände, Leid und Ungerechtigkeiten auf der Welt erinnert werden.[4]

Wem nützen Verschwörungstheorien?

Auch wenn jeder von uns anfällig für Verschwörungstheorien ist wie oben beschrieben, ist eine Unzufriedenheit, eine missliche Situation, ob ökologischer, gesellschaftlicher oder ökonomischer Natur, ein Katalysator, um in den Strudel der Verschwörungstheorien zu geraten.

Gerade dann findet man im Internet die Foren und Gruppen, die einem ein Zugehörigkeitsgefühl geben und einem dabei helfen, sich nicht allein verantwortlich für die Lage zu fühlen. Stattdessen sucht man gemeinsam einen anderen Verantwortlichen. »Die da oben«, die Elite, die nach Macht strebt. Interessant ist: Menschen, die populistische Parteien und Bewegungen unterstützen, scheinen besonders häufig an Verschwörungstheorien zu glauben. Und im Umkehrschluss nutzen populistische Politikerinnen und Politiker oft Verschwörungsrhetorik und vereinfachen komplexe Sachverhalte auf wenige Faktoren, was sie auch einer breiten Masse zugänglich macht.[5]

Doch neben der politischen Funktion von Verschwörungstheorien ist die dazugehörige Industrie auch ein sehr lukratives Geschäft. Ein Geschäft mit der Angst. Denn wenn du offiziellen Informationen misstraust und Angst vor einem vagen Bösen hast, lassen sich dir angebliche Lösungen für deine Probleme natürlich gut verkaufen. Ein teures Spray, das angeblich gegen Infektionen hilft, oder ein Gerüst für mehrere Tausend Euro, welches dich vor Chemtrails beschützt, Sticker zur Abwehr von 5G-Strahlung, Survivalsets oder esoterische und homöopathische Mittel, die Krebs oder andere Krankheiten heilen sollen. Diese Industrie ist riesig, und sehr schnell lassen sich neue Verschwörungstheorien konstruieren, um mehr Geld zu generieren.

Verschwörung vs. Verschwörungstheorie

Ein gesundes Misstrauen und eine gewisse Skepsis sind nicht verkehrt. Denn tatsächlich lehrt uns die Geschichte, dass es echte Verschwörungen gab – zum Beispiel Putschversuche in der römischen Antike, die NSA-Affäre oder der gescheiterte Staatstreich, bei dem das Kapitol in Washington, D.C. gestürmt wurde, um die Anerkennung der legitimen Regierung zu verhindern.

Aber manche vermeintlichen Verschwörungen sind größer und komplexer als andere. Etwa wenn behauptet wird, dass bestimmte Gruppen die Welt heimlich steuern oder dass viele Leute, oft Hunderte oder Tausende, gemeinsam einen Plan haben, um die Kontrolle zu erlangen. In reale Verschwörungen sind meist nur wenige Menschen involviert. Auch die Auswirkungen von echten Verschwörungen sind normalerweise unbeabsichtigt und unerwartet, aber in Verschwörungstheorien passiert alles genau wie geplant.

Es ist wichtig zu beachten, dass die meisten Verschwörungstheorien unwahrscheinlich oder sogar unmöglich sind. Nichtsdestotrotz gibt es auch Fälle, bei denen eine Theorie belächelt wurde, bis sie sich tatsächlich als wahr erwiesen hat. Beispielsweise die globale Überwachungs- und Spionageaffäre, die von dem Geheimdienstmitarbeiter und Whistleblower Edward Snowden aufgedeckt wurde und besagt, dass die Vereinigten Staaten von Amerika im großen Umfang die Telekommunikation und das Internet überwachen, um terroristischen Anschlägen vorzubeugen.[6]

Ein entscheidender Unterschied zwischen Fake News und Verschwörungstheorie ist die Tatsache, dass Verschwörungstheorien behaupten, dass eine Gruppe bösartiger Menschen eine Verschwörung gegen das Volk plant und dass durch die Verschwörungstheorien Teile aus diesem Plan durchgesickert sind – das heißt, dass die Mehrheit tatsächlich davon überzeugt ist, die Wahrheit hinter den Kulissen entdeckt zu haben. Ein Drittel der Deutschen unter 45 Jahren hat schon mal an eine Verschwörungstheorie geglaubt, während es im Alter absinkt und es ab 55 Jahren rund ein Viertel der Deutschen sind.[7] Doch an welche Verschwörungstheorien wird denn geglaubt?

11 bekannte Verschwörungstheorien und was an ihnen dran ist

1. Leben Reptiloide unter uns?

Diese Verschwörungstheorie klingt schon zu skurril, um wahr zu sein. Aber sie ist ganz schön weit verbreitet. Denn es gibt längst nicht nur Menschen, die von UFO-Sichtungen oder angeblichen Entführungen durch Außerirdische berichten. Tatsächlich behauptet die folgende Verschwörungstheorie, dass außerirdische Echsenmenschen, sogenannte Reptiloide, die

Welt kontrollieren. Allerdings gehen sie dabei sehr geschickt vor und nehmen die Gestalt von Menschen an, sodass man sie mit bloßem Auge nicht von der restlichen Bevölkerung unterscheiden kann.

Die Verschwörungstheorie besagt, dass Spitzenpolitikerinnen und Spitzenpolitiker sowie führende Amtsträgerinnen und Amtsträger Reptiloide seien, die Weltpolitik und Wirtschaft steuern und das Ziel haben, die Menschen zu versklaven. Die Anhänger dieser Verschwörungstheorie gehen davon aus, dass Angela Merkel, die Rothschilds, die Illuminaten, Bill Gates, die Clintons, das britische Königshaus und viele weitere, die zur sogenannten »Elite« gezählt werden, Reptiloiden seien.[8]

Außerdem besagen Abwandlungen dieser Verschwörungstheorie, dass die Reptiloiden ihre Gestalt verändern können, aber dafür menschliches Blut, beispielsweise von Kindern und Neugeborenen, benötigen. Hier vermengt sich die Reptiloiden-Theorie mit weiteren Verschwörungserzählungen wie etwa Pizzagate, QAnon oder Adrenochrom. Übrigens: Die kaltblütigen Reptiloiden leben laut einigen Anhängern im Inneren der Erde (Theorie der hohlen Erde).

2. Flatearth

Einige Menschen glauben, dass die Erde keine Kugel, sondern eine Scheibe sei. Die Anhänger dieser Verschwörungstheorie nennen sich selbst Flatearther, auf Deutsch Flacherdler.

Aber ... Moment mal, wenn die Erde flach wäre, würde das ja bedeuten, dass man mit dem Schiff nur weit genug fahren müsste, bis man schließlich am äußersten Ende herunterfallen würde. Oder etwa nicht?

Nun, dafür bieten die Flatearther eine einfache Erklärung: Denn am Rand der Scheibe befindet sich wie bei einer Pizza ein Rand, der aus dem Eis der Antarktis besteht. Die Antarktis bietet noch sehr viel mehr Raum für Verschwörungsfantasien, beispielsweise, dass Hitler nicht in seinem Bunker gestorben ist, sondern sich in der Antarktis verstecken würde (Verschwörungstheorie der geheimen Festung Hitlers).[9]

Rotationsellipsoid: Der Planet Erde ist nicht perfekt kugelförmig, sondern an den Polen abgeflacht und am Äquator ausgebuchtet aufgrund der Erdrotation. Kugelmodelle sind für die Berechnung von geografischen Koordinaten unbrauchbar, da Gebirge, Meere und andere Faktoren die Form und Schwerkraft beeinflussen. Das Rotationsellipsoid ist eine gute Annäherung, beschreibt die Erde aber auch nicht exakt.[10]

Doch zurück zu den Flacherdlern. Wie erklären sie sich denn die Sonne und den Mond? Laut den Flacherdlern sind sie einfach nur Spotlights, die sich hin und her bewegen. Apropos Naturgesetze: Die Schwerkraft erklärt sich laut den Flatearthern wie folgt: Die Erde bewegt sich senkrecht durch das Universum und fliegt dabei konstant nach oben, was eine schlüssige Erklärung dafür liefert, warum sich zum Beispiel ein Apfel in Richtung des Bodens bewegt, wenn wir ihn fallen lassen. Die Erde bewegt sich in dem Moment nämlich in Richtung Apfel!

Die NASA weiß das alles »natürlich« und versucht gemeinsam mit der »Elite« diese Wahrheit zu vertuschen. So behaupten Anhänger dieser Theorie, dass es kein Foto unserer Erde gibt und auch sonst keine anderen Beweise dafür existieren, dass die Erde eine Kugel sei. Gegenbeweise und Beweise für die Scheibenform der Erde bringen Anhänger der im Jahre 1956 gegründeten Organisation jährlich innerhalb ihrer eigenen Kongresse an.

Doch kaum eine Verschwörungserzählung ist einfacher zu widerlegen als diese hier. So haben die Flache-Erde-Anhänger den Beweis oft selbst in der Hand, wenn sie sich zu einem ihrer Kongresse navigieren. Denn ein Navigationsgerät funktioniert mittels GPS-Technik – und die basiert auf sich konstant um die Umlaufbahn der Erde bewegenden Satelliten. Natürlich bezweifeln Flatearther, dass es überhaupt Satelliten gibt!

Tatsächlich haben nicht nur die Satelliten die Erde verlassen, um sich durchs Weltall zu bewegen, sondern auch wir Menschen. Astronauten liefern seit Jahrzehnten tolles Bildmaterial von unserem schönen Planeten. So wie Felix Baumgartner, der im Jahr 2012 einen Weltrekordsprung aus der Stratosphäre machte. Das war auch deshalb spektakulär, weil man auf den Videoaufzeichnungen rund um den Sprung die Form der Erde erkennen konnte.

Abbildung 7.2 Skizzierung eines experimentellen Beweises, dass die Erde nicht flach ist

Aber um sich selbst ein Bild davon zu machen, dass die Erde eine Kugel ist, muss man kein Astronaut oder Extremsportler sein. Man muss nur in die Ferne schauen. Allein der Umstand, dass man einen Horizont sieht, ist der Beweis, dass sich die Erde krümmt. Denn den Horizont würde es ohne Krümmung gar nicht geben. Kleiner Tipp: Noch besser kann man es am Strand oder im Hafen mit Blick auf das Meer erkennen, wo Schiffe in der Ferne verschwinden oder auftauchen.

Um das Ganze noch anschaulich zu machen: Theoretisch und auch praktisch könnte man einen Laserstrahl auf eine Leinwand auf einem Boot strahlen lassen – und je weiter das Boot wegfährt, desto höher wird der Strahl die Leinwand treffen. Wenn die Erde flach wäre, würde der Laser bei diesem Vorgang immer auf die gleiche Höhe strahlen. Übrigens: Sonnenaufgang und -untergang würde es ebenfalls nicht geben, wenn die Erde flach wäre.[11,12]

3. Die Mondlandung war inszeniert

Die Mondlandung am 20. Juli 1969 war ein historisches Ereignis, bei dem die NASA mit der Mission »Apollo 11« erfolgreich das erste bemannte Raumschiff auf dem Mond landen und wieder zur Erde zurückkehren ließ. Die Astronauten Neil Armstrong und Edwin »Buzz« Aldrin betraten als erste Menschen den Mondboden, während Michael Collins die Mission im Orbit steuerte. Es war ein kleiner Schritt für die Astronauten, aber ein großer Schritt für die Menschheit.

Doch trotz dieses unglaublichen Erfolgs gibt es immer noch Menschen, die behaupten, dass die ganze Mondlandung nur inszeniert war. Rund 25 Prozent der Menschen in Europa glauben, dass die Mondlandung gefakt sei.[13] Einer der Gründe dafür ist die Tatsache, dass die US-Flagge, die Armstrong und Aldrin in den Mondboden gerammt haben, auf den Filmaufnahmen im Wind weht. Sie argumentieren, dass es auf dem Mond keine Atmosphäre und somit keinen Wind gibt und die Flagge deshalb nicht wehen kann. Wissenschaftlerinnen und Wissenschaftler erklären jedoch, dass die Flagge sich nicht im Wind bewegte, sondern nur dann, wenn die Astronauten sie berührten und in den Boden rammten. Auf der Erde bremst die Atmosphäre solche leichten Schwingungen schnell aus, auf dem Mond ohne Atmosphäre bleiben die Schwingungen länger erhalten. Außerdem war eine Querstrebe in der Flagge verspannt, um den Eindruck zu erwecken, dass sie weht.

Ein weiterer Grund, aus dem manche glauben, dass die Mondlandung inszeniert war, ist die Tatsache, dass auf den Fotos keine Sterne zu sehen sind. Verschwörungstheoretiker behaupten, dass die Bilder in einem Studio gemacht wurden. Wissenschaftlerinnen und Wissenschaftler erklären jedoch, dass es auf dem Mond – ohne störende Atmosphäre – einen fantastischen Blick auf den Sternenhimmel gibt. Nur: Als die Astronauten damals auf dem Mond waren, war es immer Tag. Die Mondoberfläche, der Lander und die Astronauten wurden durch die Sonne so stark angeleuchtet, dass das schwache Licht der Sterne unterging.

Des Weiteren meinen Leugnende der Mondlandung, dass die Fotos, die von den Astronauten aufgenommen wurden, angeblich zu perfekt seien. Verschwörungstheoretikerinnen und Verschwörungstheoretiker argumentieren, dass die Hasselblad-Kameras, die die Astronauten auf Brusthöhe getragen haben, keinen Sucher hatten und es deshalb unmöglich sei, dass die Astronauten so viele perfekte Fotos machen konnten.

Die Wissenschaft kennt aber auch darauf eine Antwort: Es seien bei Weitem nicht alle Bilder perfekt gewesen, tatsächlich gab es zahlreiche unscharfe Bilder, die in den Archiven der NASA gelandet sind. Nur die besten und schönsten Bilder wurden veröffentlicht. Außerdem hatten die Astronauten auf der Erde Zeit, sich mit den Hasselblad-Kameras vertraut zu machen und mit ihnen zu üben. Ein besonderes Weitwinkelobjektiv vereinfachte die Scharfstellung und ermöglichte größere Bildausschnitte.

Ein weiterer Kritikpunkt ist der, dass die Schatten auf einigen Fotos nicht parallel zueinander verlaufen. Verschwörungstheoretiker argumentieren, dass mit der Sonne als einziger Lichtquelle alle Schatten parallel verlaufen müssten, was jedoch nicht der Fall ist, weshalb Scheinwerfer im Spiel gewesen sein dürften. Parallelität ist jedoch immer eine Sache der Perspektive, und parallele Linien wirken auf einer dreidimensionalen Fläche immer schräg, wenn sie zweidimensional abgebildet werden.

Letztendlich gibt es viele verschiedene Gründe, warum Menschen glauben, dass die Mondlandung nicht echt war. Doch es gibt keine wissenschaftlichen Beweise, die diese Theorien unterstützen, und es existieren genügend Fakten und Beweise, die belegen, dass die Mondlandung tatsächlich stattgefunden hat. Es ist wichtig, diese Fakten und Beweise zu betrachten, anstatt sich von unbegründeten Verschwörungstheorien beeinflussen zu lassen.[14]

4. Area 51

Auch wenn die Apollo-Mission nicht darauf ausgelegt war, Leben außerhalb der Erde zu finden, ist es immer noch interessant herauszufinden, ob wir allein im Universum sind. Jedoch gibt es Menschen, die behaupten, dass wir die Erde dafür gar nicht verlassen müssen – ihnen zufolge weilen die außerirdischen Lebensformen schon lange unter uns.

Area 51 ist ein militärisches Sperrgebiet in der Wüste von Nevada in den USA. Betrieben wird die Area 51 von der United States Air Force. Sie dient hauptsächlich als Test- und Entwicklungsstätte für neue Technologien und Waffensysteme. Obwohl die Existenz von Area 51 seit den 1950er-Jahren bekannt ist, gibt es viele Verschwörungstheorien, die besagen, dass das Gelände für geheime und unerklärliche Aktivitäten genutzt wird.

Eine der bekanntesten Verschwörungstheorien ist die, dass die Regierung in Area 51 UFOs und außerirdische Technologie untersucht und versteckt. Es wird behauptet, dass das Gebiet von der Regierung absichtlich geheim gehalten wird, um die Öffentlichkeit davon abzuhalten, die Wahrheit über die Existenz von Außerirdischen und ihre Technologien zu erfahren.

Eine andere Theorie besagt, dass die Regierung in Area 51 Experimente mit Zeitreisen, Teleportation und übernatürlichen Phänomenen durchführt. Es wird behauptet, dass die Regierung das Gelände nutzt, um geheime und unethische Experimente durchzuführen, die nicht von der Öffentlichkeit beobachtet werden sollen. Es gibt jedoch keine wissenschaftlichen Beweise, die diese Theorien unterstützen. Viele der Erscheinungen lassen sich mit Testflügen von US-Maschinen erklären.[15]

Und, nun ja, mit einem haben die Verschwörungstheoretikerinnen und Verschwörungstheoretiker recht: Tatsächlich könnten sich im Himmel über der Area 51 UFOs bewegen. Nur haben UFOs nicht per se etwas mit Außerirdischen zu tun. Schließlich steht UFO lediglich für den Begriff unidentifiziertes Flugobjekt – und bedeutet dementsprechend, dass ein Objekt eben noch nicht identifiziert worden ist. Es kann sich also um einen Wetterballon, ein Militärflugzeug oder einen Satelliten handeln.

5. Pizzagate

Pizzagate ist eine gefährliche Verschwörungstheorie, die im Jahr 2016 aufgetaucht ist und besagt, dass eine Gruppe von Prominenten und politischen Eliten in Washington, D.C. an einem Kinderpornografie- und Menschenhandelsring beteiligt sind. Die Theorie verbreitete sich sehr schnell über Twitter, 4Chan und Reddit. Sie basiert auf unbelegten Anschuldigungen und Gerüchten, die auf ungenauen Lesarten und Interpretationen von E-Mails von Mitgliedern der Demokratischen Partei entstanden sind, die im Zusammenhang mit der Präsidentschaftswahl 2016 gehackt und von WikiLeaks veröffentlicht wurden.[16]

Genauer besagt die Pizzagate-Theorie, dass eine Pizzeria namens »Comet Ping Pong« in Washington, D.C. das Zentrum des Kinderpornografie- und Menschenhandelsrings sei. Auf Websites wie 4Chan wurde behauptet, dass die E-Mails, die gehackt wurden, Codewörter für »Mädchen«, »Jungs« und »Orgie« enthalten, die sich auf Kinderpornografie und Missbrauch beziehen, und dass diese Codes in der Pizzeria versteckt seien. Auch wurde behauptet, dass Prominente wie Hillary Clinton, Barack Obama und Lady Gaga darin verwickelt seien.

Es gab jedoch keine Beweise für diese Anschuldigungen, und die Polizei und andere Ermittelnde haben keine Verbindungen zwischen der Pizzeria und einem Kinderpornografie- oder Menschenhandelsring gefunden. Und doch führte die Verschwörungstheorie zu einem bewaffneten Angriff. 2016 drang ein Täter mit Gewehr in die Pizzeria ein, um Kinder zu befreien, die seiner Meinung nach dort gefangen gehalten und missbraucht würden. Glücklicherweise wurde niemand verletzt, und der Angreifer wurde später zu einer Gefängnisstrafe von vier Jahren und einem Schadenersatz von 5744 US-Dollar verurteilt.[17]

6. QANON & Adrenochrom

Pizzagate dient auch als Fundament für die ein Jahr später auftretende QAnon-Verschwörungstheorie. Im Oktober 2017 wurde die Behauptung aufgestellt, dass es eine geheime Gruppe von Regierungsbeamten und Prominenten gebe, die sich gegen einen angeblichen »deep state« oder »Tiefenstaat« versammelt habe, um Kinderpornografie und Menschenhandel zu bekämpfen und die Kontrolle des »Establishments« zu brechen.

Die Theorie wurde durch anonyme Postings auf dem Internetforum 4Chan und später auf Twitter und anderen sozialen Medien verbreitet. Der anonyme User namens »Q« postete auf den sozialen Netzwerken nicht nur wirre Behauptungen über einen angeblichen Putschversuch in den USA, um eine Diktatur der Elite einzurichten, deren Hauptzweck die Durchsetzung von Kinderhandel und satanistischen Bräuchen sei, sondern wiederholte und modifizierte bekannte Verschwörungstheorien.[18]

So bezieht sich auch ein Aspekt der QAnon-Verschwörungstheorie auf den Gebrauch von Adrenochrom, einem angeblichen »Jugendelixier«, das von den Mitgliedern des »Tiefenstaats« konsumiert werde, um ihre Jugend und Macht zu erhalten. Es wird behauptet, dass Adrenochrom aus dem Blut von missbrauchten Kindern gewonnen werde. Die Gewinnung der Substanz sei somit einer der Gründe für die Aufrechterhaltung des Menschenhandelsrings durch die Eliten.

An dieser Stelle sollte erwähnt werden, dass es keinerlei Beweise für diese Anschuldigungen gibt und Adrenochrom ein natürliches Stoffwechselprodukt des Adrenalins ist, das vom Körper produziert wird. Eine verjüngende Wirkung hat es allerdings nicht. Und Beweise für Kinderpornografie- oder Menschenhandelsringe, die mit der QAnon-Verschwörungstheorie in Verbindung stehen, gibt es übrigens auch nicht.[19]

7. Die New World Order der Rothschild-Familie

Wie viele Verschwörungstheorien weisen die Ideologien von QAnon antisemitische Muster auf, die oft auf die Verschwörungstheorie um die Familie Rothschild zurückgehen.[20] Die Rothschilds sind eine berühmte und einflussreiche jüdische Bankiersfamilie, die seit dem 18. Jahrhundert in Europa tätig ist und deren verschiedene Familienzweige auch heutzutage erfolgreiche Finanzgruppen leiten.[21]

Doch die Familiendynastie begann mit Mayer Amschel Bauer (1744–1812), welcher zu einer Zeit aufwuchs, in der Juden in Europa schwer diskriminiert wurden – auch durch Verschwörungstheorien, die durch die »Protokolle der Weisen von Zion« verstärkt wurden. Aufgrund der diskriminierenden Lage durften Juden wie Mayer Amschel Bauer nicht in allen Bereichen arbeiten. Genau aus diesem Grund stieg er ins Bankgeschäft ein.

Aber wie wurde aus Mayer Amschel Bauer ein Rothschild? Historiker gehen davon aus, dass vor dem Haus ein rotes Schild stand, und so gab er sich und seiner Bank den Namen des Hauses und dessen Merkmal.[22]

Mayer Bauer erlangte in Hessen großes Vertrauen und war für die Verwaltung hoher Geldbeträge zuständig. Doch der wahre Aufstieg der Familie begann mit seinen fünf Söhnen, die in bedeutenden europäischen Städten wie London, Paris,

Frankfurt, Wien und Neapel Banken gründeten. Durch ihre klugen Investitionen und gegenseitige Unterstützung wurden sie zu einer der reichsten Familien ihrer Zeit und erlangten großen Einfluss. Nathan Rothschild finanzierte im Kampf gegen Napoleon die britische Regierung, die bei der Schlacht von Waterloo siegreich war. Seitdem kursieren Verschwörungstheorien, dass Nathan Rothschild Gerüchte über einen Sieg Napoleons in Umlauf gebracht und von Börsenschwankungen profitiert hätte. Allerdings gibt es dafür keine Beweise, und solche Propaganda wurde auch von den Nationalsozialisten vor und während des Zweiten Weltkriegs genutzt.

Die Rothschilds spielten eine wichtige Rolle bei der Stabilisierung von Währungen und investierten in Projekte wie Eisenbahnnetze, wodurch sie die Industrialisierung förderten. Diese Aktivitäten verhalfen ihnen zu finanziellem und politischem Einfluss in Europa.

Mit ihrem wachsenden Einfluss kamen jedoch auch Verschwörungstheorien auf. Eine dieser Theorien behauptet, dass die Rothschilds eine geheime Weltregierung kontrollieren würden, die im Hintergrund globale Ereignisse manipuliert, um ihre eigenen Interessen durchzusetzen. Eine weitere Theorie besagt, dass sie Teil einer jüdischen Weltverschwörung seien, die darauf abzielt, die Kontrolle über Weltregierungen und Medien zu erlangen und eine neue Weltordnung von Jerusalem aus zu etablieren (New-World-Order-Verschwörungstheorie).[23, 24, 25]

Es ist wichtig zu beachten, dass diese Theorien unbegründet und antisemitisch sind und durch keinerlei wissenschaftliche

Beweise gestützt werden. Solch ein verschwörerischer Antisemitismus geht bis ins Mittelalter zurück, als Juden für die Verbreitung der Pest verantwortlich gemacht und getötet wurden.[26]

Der Einfluss der Rothschilds hat sich in den letzten 150 Jahren stark reduziert. So macht die größte Finanzgruppe Groupe LCF Rothschild im Besitz der Familienmitglieder einen Jahresumsatz von 500 Millionen US-Dollar.[27] Im Vergleich dazu machte Microsoft allein im Jahr 2022 einen Jahresumsatz von 198,27 Milliarden[28] und Apple von 394,33 Milliarden US-Dollar.[29] Auch gibt es auf der Welt viele Familien, die ein unglaubliches Vermögen besitzen, beispielsweise die Herrscherfamilie aus Saudi-Arabien Al Saud mit einer Vermögensschätzung von einhundert Milliarden Dollar oder die Eigentümer der weltgrößten Handelskette Walmart mit einem Vermögen von 238,3 Milliarden Dollar.[30] Trotz aller Kritik sieht man beispielsweise im Fall der Fußballweltmeisterschaften, dass Vermögen auch Einfluss auf Politik, Umwelt, Technologie und Gesellschaft hat, beispielsweise im Aufbau einer Soft Skill Power durch den Kauf von Fußballklubs, Sportevents oder Großinvestitionen in Großunternehmen[31] – nichtsdestotrotz sollte das kein Anlass sein, unwissenschaftlichen Verschwörungstheorien Glauben zu schenken, die keinerlei belegbare Beweise mitbringen und zudem stark antisemitisch geprägt sind.

8. Illuminaten & Freimaurer

In manchen Verschwörungstheorien werden die Rothschilds als eine der mächtigsten und einflussreichsten Familien innerhalb der Illuminaten dargestellt. Es wird behauptet, dass die Rothschilds eine Schlüsselfunktion in der Organisation innehätten und eine wichtige Rolle bei deren Finanzierung spielten. Doch wer oder was sind die Illuminaten überhaupt?

Die Illuminaten wurden im 18. Jahrhundert in Bayern von einem Mann namens Adam Weishaupt gegründet. Weishaupt war ein Professor für Rechtswissenschaften und von der Idee der Aufklärung fasziniert. Er glaubte, dass Monarchien und Kirchen das Denken der Menschen unterdrückten und es notwendig sei, die Vernunft und die Freiheit des Individuums zu fördern. Um diese Ideen zu verbreiten, gründete er die Illuminaten, die allerdings nicht lange aktiv waren. Bereits 1785 wurde die Gruppe von der bayerischen Regierung verboten, und ihre Mitglieder wurden verfolgt. Trotzdem überlebte die Idee der Illuminaten und wird bis heute in Verschwörungstheorien erwähnt.

Viele glauben, dass die Illuminaten immer noch existieren und eine geheime Weltregierung unterhalten, die die Ereignisse der Welt steuert. Doch es gibt keinerlei Beweise dafür, dass die Illuminaten jemals eine solche Macht hatten, geschweige denn immer noch haben. Tatsächlich war die Gruppe nie sehr groß und hatte nur eine begrenzte Anzahl von Mitgliedern.[32]

Neben den Illuminaten fällt oft auch der Begriff der Freimaurer. Die Freimaurer sind eine geheimnisumwobene Gesellschaft, die auf Bruderschaft, Toleranz und moralischen Werten basiert. Sie glauben an die Vereinigung aller Menschen unter einer höheren Macht und treffen sich in privaten Logen, um ihre Ideale zu diskutieren und zu feiern. Viele berühmte Persönlichkeiten wie George Washington und Benjamin Franklin waren Freimaurer.[33] Obwohl die Freimaurer oft in Verschwörungstheorien vorkommen, gibt es keine Beweise dafür, dass sie irgendwelche geheimen Machtansprüche haben oder in kriminelle Aktivitäten verwickelt sind.

In Verschwörungstheorien werden oft Freimaurer und Illuminaten beschuldigt, hinter den Ereignissen der Welt zu stecken und eine geheime Weltregierung zu unterhalten. Diese Theorien basieren auf Fantasie, und ihnen fehlen Beweise. Es ist wichtig zu erkennen, dass beide Gruppen, Freimaurer und Illuminaten, Gesellschaften von Menschen waren, die sich bestimmten Ideen und Praktiken verschrieben haben – aber bestimmt gehörten dazu keine geheimen Pläne, die Welt zu beherrschen.

Nichtsdestotrotz sind verschiedene Verschwörungstheoretiker überzeugt, dass die Illuminaten und Freimaurer überall Symbole verstecken, die auf ihre Existenz und ihren Einfluss hindeuten.[34] Zum Beispiel das Auge in der Pyramide, das auf der Rückseite der 1-Dollar-Note abgebildet und von Sonnenstrahlen umgeben ist. Verschwörungstheoretiker behaupten, dass dies das Auge Gottes oder das Auge des Teufels darstellt und es symbolisch für die Kontrolle durch die Illuminaten steht. Tatsächlich handelt es sich aber um das Auge Gottes, das sich auf die Vereinigten Staaten und die Gründungsideale der Freiheit und Gleichheit bezieht.

Die 13 Stufen der Pyramide stünden wiederum für die 13 Familien, die die Illuminaten kontrollieren, tatsächlich repräsentieren sie allerdings die 13 Kolonien, aus denen die

Abbildung 7.3 Symbole auf der 1-Dollar-Note

Vereinigten Staaten entstanden sind. Die Zahl 13 taucht aus diesem Grund auf der 1-Dollar-Note häufiger auf, beispielsweise die Anzahl an Streifen am Wappen, die 13 Sterne über dem Adler, die 13 Pfeile oder die 13 Blätter.

9. Was passierte wirklich am 11. September 2001?

Neben der Illuminatenverschwörung hat kaum eine Verschwörung so viele Anhängerinnen und Anhänger wie die zu den Terroranschlägen am 11. September 2001. Ich war gerade in der 3. Klasse, als die Terrormiliz al-Qaida den Anschlag auf das World Trade Center in New York und das Pentagon in Washington verübte. Es gibt oft historische Momente, die eine ganze Generation prägen. Sei es die Mondlandung, der Fall der Berliner Mauer oder eben für mich und meine Generation der terroristische Anschlag am 11. September 2001.

An diesem Tag entführten 19 al-Qaida-Terroristen in den USA vier Passagierflugzeuge. Die Terroristen waren mit Teppichmessern und Pfefferspray bewaffnet und lenkten zwei

Flugzeuge in die Twin Towers des World Trade Centers in New York, ein weiteres flog in das Pentagon, wo sich das US-Verteidigungsministerium befindet. Das vierte Flugzeug stürzte in Pennsylvania ab, nachdem Passagiere versucht hatten, die Kontrolle des Flugzeugs zu erlangen. Das Ziel war wahrscheinlich das Weiße Haus gewesen. Insgesamt verloren knapp 3000 Menschen durch die Terroranschläge ihr Leben. Der Befehl zum Anschlag kam von Osama bin Laden, Gründer und damaliger Anführer der Terrorgruppe al-Qaida.[35] Doch als 2008 mehrere Hundert Menschen aus 17 verschiedenen Ländern befragt wurden, gab nur knapp die Hälfte (46 Prozent)[36] an, von dieser offiziellen Version der Ereignisse überzeugt zu sein.

Denn seit dem 11. September 2001 haben sich viele Verschwörungstheorien entwickelt, die behaupten, dass die Regierung der Vereinigten Staaten und andere geheime Kräfte hinter dem Angriff stecken. Einige dieser Theorien besagen, dass die Regierung die Angriffe selbst inszeniert habe, um einen Vorwand zum Einmarsch in den Irak zu haben. Die Anschläge wären somit ein sogenannter »Inside-Job« gewesen. Sie wird unter anderem durch die Tatsache widerlegt, dass mehrere unabhängige Untersuchungen, darunter die Untersuchung der Nationalen Kommission zu Terroranschlägen auf die Vereinigten Staaten, die Untersuchung des Generalstaatsanwalts und die Untersuchung des Department of Justice, keine Beweise für eine Regierungsbeteiligung an den Angriffen gefunden haben. Es gibt auch keine Beweise dafür, dass die Regierung Fakten über die Angriffe vertuscht hat. Nichtsdestotrotz hegen viele Menschen eine generelle Skepsis, da

Amerika auch in der Vergangenheit Geheimpläne hatte, die vorsahen, unter falscher Flagge einen Angriff zu starten, beispielsweise im Zuge der Operation Northwoods, bei der John F. Kennedy vorgeschlagen wurde, einen inszenierten Terroranschlag gegen den zivilen Luft- und Schifffahrtsverkehr innerhalb der USA durchzuführen und anschließend den Regierungschef Kubas Fidel Castro verantwortlich dafür zu machen, um so einen Vorwand zur Invasion Kubas zu schaffen.[37, 38]

Die »Keine Flugzeuge«-Theorie behauptet, dass die Flugzeuge, die in die Türme des World Trade Centers eingeschlagen sind, tatsächlich nicht existiert haben und dass die Angriffe mit computergenerierten Bildern oder Drohnen inszeniert wurden. Die »Keine Flugzeuge«-Theorie wird durch zahlreiche Augenzeugenberichte und Videoaufnahmen von den Angriffen widerlegt, die zeigen, wie Flugzeuge in die Türme einschlagen. Es gibt auch keine Beweise dafür, dass die Flugzeuge computergeneriert oder Drohnen waren.[39, 40]

Die »Kontrollierte Sprengung«-Theorie hingegen besagt, dass die Türme des World Trade Centers durch eine geheime Technologie oder Sprengstoff zum Einsturz gebracht worden seien. Hier wird das Argument gebracht, dass Stahl erst bei 1500 Grad Celsius schmilzt, aber brennendes Kerosin nur knapp 800 Grad Celsius heiß wird.[41] Außerdem wird von den Truthern der Fall des World Trade Centers 7 als Beweis für diese Theorie genommen. Denn dieses stürzte sieben Stunden später ebenfalls ein – obwohl kein Flugzeug hineingeflogen war.[42] Die »Kontrollierte Sprengung«-Theorie wird durch die Tatsache widerlegt, dass die Türme des World Trade Center durch die Wucht der einschlagenden Flugzeuge und die entstehenden Feuer zerstört wurden und der Einsturz der Türme aufgrund der Schäden und dem Feuer erfolgte. Es gibt keine Beweise für die Verwendung von Sprengstoff oder geheimer Technologie beim Einsturz der Türme.

Experten wie Architekten und Ingenieure haben die Einsturz-Mechanismen der Türme untersucht und bestätigt, dass diese aufgrund der Schäden und des Feuers einstürzten. Denn auch wenn der Schmelzpunkt von Baustahl bei 1500 Grad Celsius liegt, so beginnt die Belastbarkeit von Baustahl schon ab 400 Grad abzunehmen, und bei 600 Grad liegt die Belastbarkeit nur noch bei der Hälfte des ursprünglichen Wertes.[43] Dies erklärt auch, warum World Trade Center 7 eingestürzt ist. Denn herabfallende Trümmer lösten im 7. Gebäude Brände aus, deren Hitze sieben Stunden lang die Stahlkonstruktion verformte und es zum Einsturz brachte. Auch hier wurden keinerlei Überreste von Sprengstoff gefunden. Laut Expertenberichten haben sich die Stahlträger so verformt, dass die Seitenkonstruktionen dem Gewicht der 100.000 Tonnen Stahl nicht standhalten konnten und beim Fall in die Tiefe alles mitnahmen, was auf dem Weg lag.[44]

Eine weitere Theorie, der viele Menschen anhängen, könnte zusammenfassend »Israel war beteiligt« genannt werden. Sie besagt, dass die Angriffe von der israelischen Regierung oder von jüdischen Extremisten durchgeführt wurden, um die USA in einen Krieg gegen »den Terrorismus« zu ziehen und den Staat Israel zu unterstützen. Hier wird auch behauptet, dass rund 4000 jüdische Menschen gewarnt worden wären, nicht ins Büro zu gehen oder sich den Twin Towers nicht zu nähern. Diese Verschwörungstheorie wurde stark vom ehemaligen iranischen Präsidenten verbreitet. Für die »Israel war beteiligt«-Theorie existieren keine Dokumente oder Berichte, welche die Behauptungen stützen. Dagegen spricht auch, dass bei den Anschlägen Hunderte jüdische Menschen starben.[45, 46, 47]

Die letzte Verschwörungstheorie, die ich hier erwähne, ist die »Insidertrades«-Theorie, nach der einige Leute im Voraus von den Angriffen wussten und auf diese Weise davon profitiert haben, indem sie Aktien von Fluggesellschaften und Versicherungen verkauft haben, bevor der Angriff stattfand. Die »Insidertrades«-Theorie wird durch die Untersuchungen der Securities and Exchange Commission (SEC) widerlegt, die keine Anzeichen von Insiderhandel im Zusammenhang mit den Angriffen des 11. September gefunden hat. Auch gibt es keine Beweise dafür, dass jemand im Voraus von den Angriffen wusste und davon profitiert hat.[48, 49]

Es ist wichtig zu betonen, dass diese Verschwörungstheorien nicht auf Fakten basieren und dass die offiziellen Untersuchungen der Ereignisse des 11. September 2001 zu dem Schluss gekommen sind, dass die Angriffe von der islamistischen Terrorgruppe al-Qaida durchgeführt wurden. Es gibt keine Beweise für jegliche Art von Verschwörung hinter den Anschlägen, und es ist wichtig, sich auf die Ergebnisse der offiziellen Untersuchungen zu stützen und nicht in Verschwörungstheorien zu verfallen, die ohne Belege und Beweise sind.

10. Chemtrails

Du hast doch sicherlich mal die weißen Streifen am Himmel gesehen, die ein vorbeifliegendes Flugzeug hinter sich herzieht. Auch dazu gibt es seit den 90er-Jahren eine beliebte Verschwörungstheorie, die besagt, dass die Kondensstreifen von Flugzeugen tatsächlich in der Atmosphäre versprühte Chemikalien sind, mit deren Hilfe die Bevölkerung kontrolliert oder ihr geschadet werden soll. Es wird behauptet, dass diese Chemikalien für eine Vielzahl von gesundheitlichen Problemen verantwortlich seien – von Atemwegserkrankungen wie Asthma bis hin zu Krebs. Doch für diese Verschwörungstheorie gibt es keinerlei wissenschaftliche Belege. Denn Kondensstreifen entstehen durch den Wasserdampf und rußhaltige Gase, die aus den Triebwerken von Flugzeugen ausgestoßen werden und dann auf kalte Luft treffen. Die kalte Luft kann den Wasserdampf nicht mehr aufnehmen, und er kondensiert in Form von Wassertröpfchen oder Eiskristallen, die sich zu Wolken zusammenfügen. Diese Wolken werden als Kondensstreifen bezeichnet.

Die Größe und die Länge der Kondensstreifen hängen von verschiedenen Faktoren wie zum Beispiel von der Luftfeuchtigkeit, der Lufttemperatur und der Flughöhe ab, insbesondere oberhalb von acht Kilometern Höhe. In höheren und kälteren Luftschichten sind die Kondensstreifen länger, da die Luft dort kälter ist und die Kondensation länger anhält, auch können unterschiedliche Formen entstehen, abhängig von der Art des Flugzeugs, Wetterlage und Flughöhe.[50]

Oft werden die Verschwörungstheorien der Chemtrails unter einen Hut mit den wissenschaftlichen Konzepten von Geoengineering gepackt. Geoengineering umfasst ein breiteres Konzept, das auf die Anwendung von Technologien abzielt, um den Klimawandel zu bekämpfen oder dessen Auswirkungen zu mildern. Einige der Technologien, die unter Geoengineering fallen, umfassen die Reduktion von CO_2 aus der Atmosphäre, den Einsatz von Sonnenstrahlung reflektierenden Materialien in der Atmosphäre und die Veränderung der Landnutzung, um die Kohlenstoffspeicherung zu verbessern.

Auch forscht man schon lange an einer Methode, Wolken mit chemischen Substanzen anzureichern, um den Niederschlag zu erhöhen. Dies geschieht, indem künstliche oder natürliche Partikel, wie zum Beispiel Silberjodid oder Trockeneis, zur Wolkenimpfung verwendet werden. Das Silberjodid lässt die Eiskristalle in den Wolken wachsen. Dadurch werden die Wolkenbildung gefördert und der Niederschlag erhöht.

Insbesondere Länder wie China nutzen diese Methode, um zu erwartende Regenwolken abregnen zu lassen, wenn man beispielsweise ein Event wie die Olympischen Spiele plant, bei dem es möglichst nicht regnen soll. Die Wirksamkeit dieser Methoden ist allerdings noch nicht eindeutig nachgewiesen und bedarf weiterer Forschung, gerade weil Wetter hochkomplex und dynamisch ist und die Auswirkungen nicht unmittelbar bewusst sind. So löste eine sogenannte Hagelabwehr um eine VW-Fabrik angeblich eine Dürre aus, welche zu Ernteausfällen führte. Ob sie tatsächlich Einfluss hatten, ist unklar.[51] Gegen den Hagel hätten auch vermutlich Netze einen ausreichenden Schutz der Fahrzeuge geboten. Obwohl die Wissenschaft seit mehr als 70 Jahren an dieser Technologie arbeitet, gibt es immer noch Einschränkungen darüber, wann und wo sie erfolgreich angewendet werden kann. Es ist so, als ob man versucht, einen wilden Stier zu reiten – man weiß nie, was als Nächstes passieren wird.[52, 53]

Aber das bedeutet nicht, dass all die Forschung umsonst war. Tatsächlich haben Forschende in den letzten Jahren im Hinblick auf Geoengineering riesige Fortschritte gemacht. Aber auch wenn die Technologie fortschrittlich ist, bleibt die Tatsache bestehen, dass es immer noch Unsicherheiten und Risiken gibt.[54]

Doch auch wenn Chemtrails unsinnig erscheinen, kommt die Skepsis nicht von ungefähr. Denn in den Jahren nach dem Zweiten Weltkrieg hat das US-Militär tatsächlich verschiedene Substanzen zu Forschungszwecken in die Luft befördert – und zwar ohne die Bevölkerung zu informieren. Bis 1977 sollen 239 Tests stattgefunden haben, bei denen Bakterien in die Luft geschossen wurden, die damals noch als unbedenklich und harmlos galten. Eins dieser Experimente, genannt »Operation Sea-Spray«, wurde über San Francisco durchgeführt, um zu sehen, ob der für die Stadt typische Nebel die Bakterien gleichmäßig verbreiten würde. Leider stellte sich heraus, dass die Bakterien nicht ganz so harmlos waren wie gedacht. Mindestens ein Todesfall und zehn Einlieferungen ins Krankenhaus waren die Folge.[55]

11. Reichsbürger

Am 7. Dezember 2022 wurde das Thema Reichsbürger und ihre Ideologien aufgrund einer Razzia wegen eines geplanten Staatsstreichs aktueller denn je. Die rechtsextremen Verschwörerinnen und Verschwörer hatten geplant, das Reichstagsgebäude zu stürmen und durch Anschläge auf die Stromversorgung bürgerkriegsähnliche Zustände zu erzeugen, die Bundesregierung abzu- und die Minister durch ihresgleichen zu ersetzen.[56]

Denn im Kern der Verschwörungstheorien der sogenannten »Reichsbürger« und »Selbstverwalter« steht die Ablehnung der Bundesrepublik Deutschland. In ihren Augen ist Deutschland kein souveräner Staat, und sie glauben, dass das Deutsche Reich weiterhin besteht, da sie der Meinung sind, dass die Weimarer Reichsverfassung von 1919 niemals aufgehoben wurde. Sie glauben, dass die Bundesrepublik Deutschland als Staat mit dem Deutschen Reich nicht identisch ist und somit rechtlich nicht existiert. Sie halten die Regierung, Gesetze, Gerichte und Steuern der Bundesrepublik für unrechtmäßig.

Diese Ansicht ist jedoch nicht korrekt und basiert auf der unprofessionellen Auslegung und Interpretation von komplizierten juristischen Urteilen und Debatten nach dem Zweiten Weltkrieg. Nach dem Krieg übernahmen die Alliierten gemeinsam die Kontrolle über Deutschland, und im Jahr 1949 wurden sowohl das Grundgesetz der Bundesrepublik Deutschland als auch die Verfassung der Deutschen Demokratischen Republik verabschiedet.

Eine der vielen Verschwörungstheorien ist die, dass die Reichsbürger glauben, dass sich Deutschland immer noch im Kriegszustand mit den vier Siegermächten befindet und somit noch immer besetzt ist. Sie argumentieren, dass es keinen Friedensvertrag gibt. Aber was viele nicht wissen, ist, dass es völkerrechtlich keinen Friedensvertrag braucht. Ein weiterer Gegenbeweis ist der sogenannte Zwei-plus-vier-Vertrag, welcher den Besatzungsstatus Deutschlands aufhebt und die Bundesrepublik zu einem vollständig souveränen Staat erklärt.[57]

Eine andere Verschwörung besagt, dass das Grundgesetz keine Verfassung sei. Doch das Grundgesetz erfüllt alle Funktionen einer Verfassung. Es regelt die Grundsätze der Staatlichkeit, und die Gerichte und die ausführende Gewalt handeln nach diesem Grundgesetz. Alle Gesetze, die erstellt werden, müssen im Einklang mit dem Grundgesetz sein. Dabei beziehen sich die Reichbürger auf Art. 146 des Grundgesetzes, was paradox ist: »Dieses Grundgesetz, das nach Vollendung der Einheit und Freiheit Deutschlands für das gesamte deutsche Volk gilt, verliert seine Gültigkeit an dem Tage, an dem eine Verfassung in Kraft tritt, die von dem deutschen Volke in freier Entscheidung beschlossen worden ist.«[58]

Der Artikel besagt nicht, dass es keine Verfassung in Deutschland gibt. Er sagt lediglich aus, dass das Grundgesetz von einer anderen Verfassung abgelöst werden kann. Hier betont das Bundesverfassungsgericht, dass das Grundgesetz die »deutsche Verfassung« ist.

Eine weitere Verschwörungstheorie ist die, dass wir Angestellte der Bundesrepublik Deutschland GmbH sind. Das klingt zunächst verrückt, aber wenn wir uns den Wortstamm des Wortes »Personalausweis« anschauen, stammt er aus dem spätlateinischen »personalia«, was so viel wie persönliche

Dinge bedeutet. Und wenn es Angestellte gibt, so die Logik der Reichsbürger, dann muss es auch die passende Firma geben. Dazu gibt es natürlich auch die passende Verschwörungstheorie, die besagt, dass die Bundesrepublik Deutschland kein souveräner Staat, sondern eine GmbH sei, also eine Gesellschaft mit beschränkter Haftung.

Als ich zum ersten Mal von dieser Theorie hörte, dachte ich: Ganz schön skurril, wie kommt man auf so was? Die Reichsbürger führen als Beweis an, dass es im Handelsregister beim Amtsgericht Frankfurt am Main unter der Registernummer HRB 51411 eine eingetragene Finanzfirma mit dem Namen »Bundesrepublik Deutschland« gibt.[59] Doch man muss den Wortlaut auch bis zum Ende lesen, denn es heißt »Bundesrepublik Deutschland – Finanzagentur GmbH«, welche für das Ausgleichen des Kontos der Bundesrepublik bei der Deutschen Bundesbank zuständig ist.

Die Aktivitäten der Reichsbürger umfassen die Behinderung staatlicher Aktivitäten und das Verfolgen eigener Interessen wie das Nicht-Zahlen von Strafen, Steuern und Verwaltungsgebühren sowie das wahrscheinlich lukrative Geschäft durch die Ausstellung von Scheindokumenten.[60]

Hip-Hop und Verschwörungstheorien

Auch in der Popkultur und im Hip-Hop tauchen immer wieder antisemitische Zeilen und Texte auf. Beispielsweise beginnt der Offenbacher Rapper Haftbefehl seinen Song »069« mit folgenden Zeilen:

»06-06-9, cho
Rothschild-Theorie, jetzt wird ermordet«[61]

Auch in den Texten des Rappers Kollegah fließen Theorien der New World Order und Symbole der Illuminaten ein:

»Doch ich begreif' die Symbole,
die schleichenden Omen
Das Zeichen der Rose,
das Auge in der Ein-Dollar-Note
Sie sind einfach überall,
so wie Feinstaub-Atome
Überall erkenn' ich die Handschrift
der Freimaurerloge«[62]

Der Grund für die Einarbeitung solcher Theorien in Raptexten liegt laut Politikforscher Jakob Baier darin, dass viele kritische Gangsta-Rap-Lieder ein sehr einfaches Weltbild zeigen, in dem die Dinge in Gut und Böse aufgeteilt sind. Auch Verschwörungstheorien haben oft dieses einfache Weltbild. Es gibt die Bösen, die Verschwörerinnen und Verschwörer, und die Guten, die die Verschwörung entdeckt haben. Dadurch kommt es zu Narrativen, die immer wieder auftauchen – zum Beispiel die Idee, dass man von der Straße kommt und sich den Weg nach oben erkämpft hat. Dies gibt den Rappern das Gefühl, dass sie etwas wissen, was die anderen nicht wissen, und dass sie die Dinge besser verstehen als alle anderen, was typisch für das Weltbild innerhalb einer Verschwörungstheorie ist.[63]

Sind Verschwörungstheorien gefährlich?

Einige Verschwörungstheorien können dazu führen, dass sich Menschen gegeneinanderstellen und Gewalt ausüben. Sie glauben, dass bestimmte Gruppen hinter allem Bösen stecken, und fühlen sich berechtigt, gegen diese Gruppen vorzugehen. Andere können gefährlich sein, weil sie Menschen dazu veranlassen können, dass sie sich nicht impfen lassen oder Schutzmaßnahmen nicht ergreifen, was ernsthafte gesundheitliche Probleme nach sich ziehen kann.[64] Einige Verschwörungstheorien können auch bewirken, dass Personen sich aus der demokratischen Teilhabe zurückziehen oder sich für populistische Gruppierungen entscheiden, die sich selbst als die »einzig mögliche Lösung« für ein marodes politisches System darstellen.[65]

Auch wenn einige Verschwörungstheorien Grundlagen für spannende Filme bieten, so sind sie nicht immer harmlos und können somit Auswirkungen haben, die weit über bloße Spekulation hinausgehen. Es ist wichtig, kritisch zu denken und sich nicht von Verschwörungstheorien beeinflussen zu lassen, sondern auch die Auswirkungen dieser zu verstehen.

Es ist und bleibt eine Herausforderung, die Wahrheit von Fake News zu unterscheiden, aber wenn wir uns bemühen, wahrheitsgetreu und kritisch zu denken, können wir uns vor den Gefahren von Verschwörungstheorien schützen und sicherstellen, dass unsere Entscheidungen auf Fakten und nicht auf falschen Annahmen basieren. ×

8

WTF!? WIE DU WAHRHEIT VON FALSCHMELDUNGEN UNTERSCHEIDEST

Im ersten Kapitel dieses Buches habe ich angekündigt, dass dieses Buch dir auch ein Ratgeber sein soll, der dich dabei unterstützt, Fakten von Fake News zu unterscheiden. Dies ist zwar das kürzeste und das letzte Kapitel, aber wahrscheinlich auch das wichtigste. Der Grund dafür ist der sogenannte Primacy-and-Recency-Effekt. Er beschreibt, dass wir die ersten und letzten Elemente einer Liste oder eines Vortrags besonders gut im Gedächtnis behalten können.

Übrigens: Aus genau diesem Grund solltest du dich in der Schule vor allem am Anfang und am Ende einer Stunde melden oder bei der Arbeit speziell am Anfang und am Ende nicht prokrastinieren. Bei einer Präsentation solltest du auch die Einleitung und das Ende besonders gut aufbereiten und Wichtiges wiederholen, damit es im Gedächtnis bleibt.

Wie recherchiere ich richtig?

Doch bevor ich zu den Merkmalen von Fake News komme, klären wir eine mir sehr häufig gestellte Frage. Wie recherchierst du?

Der Prozess der Recherche ist sehr aufwendig und nimmt jede Menge Zeit in Anspruch. Denn im Vordergrund steht erst mal eine gut formulierte Frage. Und die sollte am besten noch nicht mit deiner Meinung aufgeladen oder in eine bestimmte Richtung gestellt sein.

Formuliere eine präzise Frage!

Nehmen wir zum Beispiel an, dich interessiert, wie sich Social Media auf das Selbstbewusstsein oder die Selbstwahrnehmung der Jugendlichen auswirkt. Was du jetzt auf keinen Fall fragen solltest, ist: »Ist Social Media schlecht für Jugendliche?«

Formuliere am besten keine geschlossene Frage. Denn dich interessiert nicht nur ein simples »Ja« oder ein »Nein«, sondern auch der Kontext, also warum etwas ist, wie es ist, und wie es sich auswirkt. Außerdem sollte deine Frage nicht in ihrer Formulierung schon in eine bestimmte Richtung tendieren.

Dementsprechend wäre eine Formulierung wie »Welcher Zusammenhang besteht zwischen Social-Media-Konsum und dem Selbstbewusstsein von Jugendlichen?« gut. Denn unabhängig davon, wie deine Einstellung zu dem Thema ist, möchtest du ja nicht deine Meinung bestätigt haben, sondern das Thema objektiv betrachten. Je spezifischer die Komponenten der Fragen, desto eher kannst du einen konkreten Sachverhalt recherchieren.

Das »Selbstbild« ist zum Beispiel etwas anderes als die »Konzentrationsfähigkeit«. Und der Suchbegriff »Mensch« ist nicht so spezifisch wie »Jugendlicher« oder eine bestimmte Altersspanne. Auch der Begriff »Social Media« ist sehr allgemeingültig. Eventuell möchtest du dich ja auf eine bestimmte Plattform oder einen bestimmten konsumierten Inhalt fokussieren. Denn der Konsum von Lehrvideos könnte eine andere Wirkung als der Konsum von Unterhaltung oder auch polarisierendem Content haben.

Hast du eine Frage konzipiert, die präzise genug ist, kommt der nächste Schritt. Du stellst eine naive Hypothese auf. »Was denkst du, welchen Zusammenhang es gibt?« Oder: »Sinkt das Selbstbewusstsein, oder erhöht es sich?« So stellst du Hypothesen in zwei Varianten auf:

1. Die sogenannte 0-Hypothese. Bei der 0-Hypothese (H0) gehst du davon aus, dass es keinen Unterschied oder keine Wirkung zwischen zwei oder mehr Dingen gibt. In der Wissenschaft wird die Nullhypothese oft verwendet, um zu prüfen, ob eine bestimmte Beobachtung oder Ergebnis auf Zufall oder Zufälligkeit zurückzuführen ist, anstatt auf eine tatsächliche Wirkung.

2. Die Alternativhypothese. Sie ist das Gegenteil der Nullhypothese und besagt, dass es einen Unterschied oder eine Wirkung zwischen zwei oder mehr Dingen gibt. Damit prüfst du, ob eine bestimmte Beobachtung oder ein bestimmtes Ergebnis tatsächlich auf eine bestimmte Wirkung zurückzuführen ist.

Aber warum ist es gut, die Hypothese in zwei Varianten zu formulieren? Nun, es hilft dir ganz sicher dabei, eine konkrete

Antwort zu finden. Denn im wissenschaftlichen Arbeiten gilt das Falsifizierbarkeitsprinzip. Hypothesen und Theorien sollen so formuliert werden, dass sie widerlegt werden können. Eine Theorie oder eine Hypothese ist so lange gültig, bis es genügend Beweise gibt, die sie widerlegen.

Ein konkretes Beispiel wäre Folgendes: Ich behaupte, es gibt nur weiße Schwäne, denn diese Behauptung beruht auf meinen Beobachtungen, dass ich in meinem Leben bisher nur weiße Schwäne gesehen habe. Damit habe ich aber nicht bewiesen, dass alle Schwäne weiß sind. Meine Aufgabe als naiver Wissenschaftler, die wir ja nun mal alle sind, ist es, meine Hypothese zu widerlegen. Denn erst dann weiß ich, ob meine Behauptung gültig ist.

Die Nullhypothese in Bezug auf die Aussage »Alle Schwäne sind weiß« wäre, dass es keine schwarzen Schwäne gibt. Die Alternativhypothese wäre, dass es mindestens einen schwarzen Schwan gibt. Um diese Hypothesen zu überprüfen, könnte man Beobachtungen von Schwänen in verschiedenen Gebieten durchführen und die Farbe jedes Schwans notieren. Wenn kein schwarzer Schwan beobachtet wird, würde dies die Nullhypothese bestätigen, dass es keine schwarzen Schwäne gibt. Wenn jedoch ein schwarzer Schwan beobachtet wird, würde dies die Alternativhypothese bestätigen, dass es mindestens einen schwarzen Schwan gibt.

Natürlich ist das eine wissenschaftliche Herangehensweise, die Zeit kostet. Forschende beschäftigen sich über Monate oder sogar manchmal Jahre und Jahrzehnte mit bestimmten Fragestellungen und erforschen sie. Auf diese Weise bekommst du hier aber ein Gefühl dafür, welche Herangehensweise nützlich ist. Praktisch macht es Sinn, deine präzise Fragestellung zu formulieren und dann verschiedene Arten von Quellen für deine Fragestellung heranzuziehen.

Ach, übrigens: Tatsächlich gibt es **schwarze Schwäne**, insbesondere in Westaustralien und Neuseeland. Das bedeutet, dass die Nullhypothese in diesem Fall falsch und die Alternativhypothese richtig wäre. Die Beobachtung, dass alle Schwäne weiß sind, kann also widerlegt werden.

Verwende verschiedene Arten von Quellen

Beziehe verschiedene Arten von Quellen, wie etwa Bücher, Artikel, Studien und Experteneinschätzungen, die eine tatsächliche Expertise in dem Fach haben, mit in deine Arbeit ein. Dabei ist allerdings zu beachten, dass es nicht zu einer False Balance kommt.

Nehmen wir dazu die wissenschaftliche Literatur zum menschengemachten Klimawandel. Eine große Mehrheit von Klimawissenschaftlerinnen und Klimawissenschaftlern, meist ist von 97 Prozent die Rede, kommt zu dem Schluss, dass der Klimawandel menschengemacht ist. Natürlich wird man, wenn man lange danach sucht, vermeintliche Expertinnen und

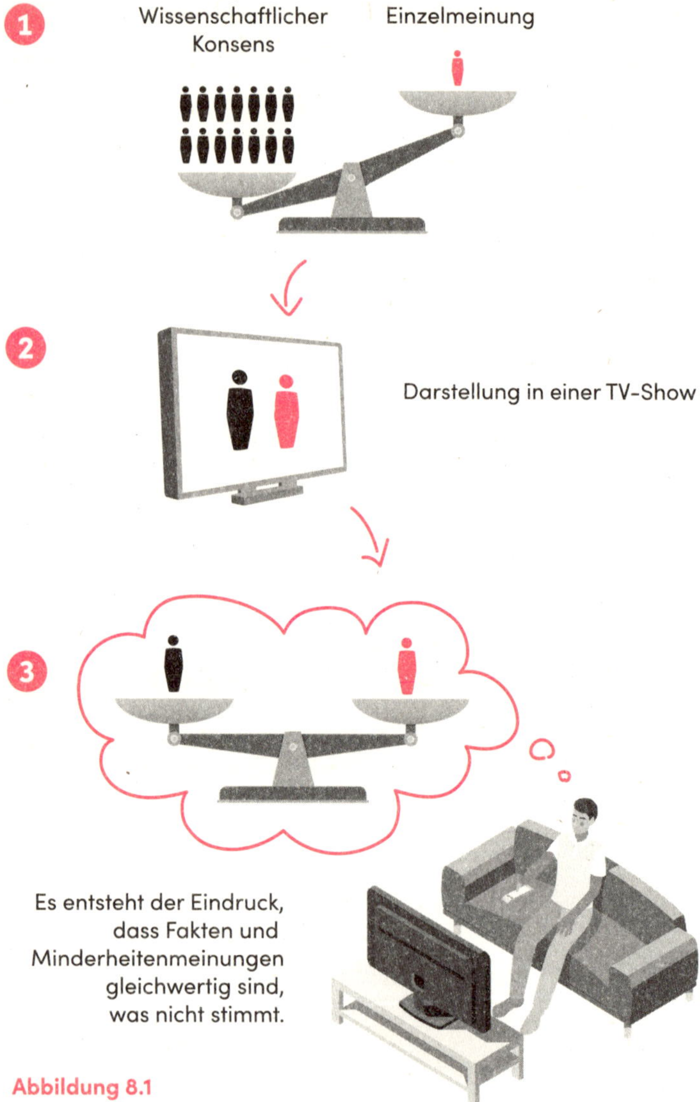

Abbildung 8.1
Veranschaulichung von False Balance

Experten finden (zum Beispiel die übrigen 3 Prozent), die sich dagegen aussprechen.

So würde ein falsches Verhältnis der wissenschaftlichen Debatte und Repräsentation entstehen, wenn man einen Wissenschaftler der Pro- und einen der Contra-Seite einladen würde, damit sie ihre Argumente austauschen. Dadurch erweckt man beim Publikum den Eindruck, dass die Meinung der Wissenschaft im Verhältnis 50:50 steht. Somit sollte man auf das richtige Verhältnis achten. Was sagt die Mehrheit der Wissenschaft?

Um es noch mal zu betonen, hier geht es nicht um Meinungen zu einem Thema, sondern um den wissenschaftlichen Konsens.

Verwende relevante Schlagwörter

Um bei einer Online-Suche möglichst viele Treffer zu erzielen, solltest du in der Suchmaschine deiner Wahl relevante Schlagwörter benutzen. Manchmal hilft es dabei auch, wenn du nicht nur die deutschen, sondern auch die englischen Begriffe – wie in unserem Beispiel »social media«, »impact«, »self-esteem« oder »self-perception« – verwendest.

Verwende die fortgeschrittenen Suchfunktionen

Manchmal kann es vorkommen, dass die Suchmaschine viel zu viele Suchergebnisse oder auch verwandte Themen anzeigt. Hier empfiehlt sich die Verwendung von fortgeschrittenen Suchfunktionen wie zum Beispiel Boolesche Operatoren. Klingt erst mal kompliziert, ist aber eigentlich ganz einfach.

Boolesche Operatoren sind spezielle Wörter oder Symbole, die verwendet werden, um die Suchergebnisse zu beeinflussen. Sie ermöglichen es, die Suche nach bestimmten Kriterien zu verfeinern und genauere Ergebnisse zu erhalten.

Die drei häufigsten Booleschen Operatoren sind AND, OR, NOT:

AND: Wenn du AND verwendest, werden nur Ergebnisse angezeigt, die alle angegebenen Schlagwörter enthalten. Zum Beispiel, wenn du »Asteroid AND Erde« suchst, werden nur Ergebnisse angezeigt, die sowohl »Asteroid« als auch »Erde« enthalten.

OR: Wenn du OR verwendest, werden Ergebnisse angezeigt, die mindestens eines der angegebenen Schlagwörter enthalten. Zum Beispiel, wenn du »Spinne OR Schlange« suchst, werden Ergebnisse angezeigt, die entweder »Spinne« oder »Schlange« enthalten oder beides.

NOT: Wenn du NOT verwendest, werden Ergebnisse ausgeschlossen, die das angegebene Schlagwort enthalten. Zum Beispiel, wenn du »Social Media NOT Instagram« suchst, werden Ergebnisse angezeigt, die zwar »Social Media«, aber nicht »Instagram« enthalten.

Boolesche Operatoren können in der Suchmaschine verwendet werden, um die Suche einzugrenzen und genauere Ergebnisse zu erhalten. Einige Suchmaschinen verwenden auch andere Operatoren, wie zum Beispiel das Pluszeichen (+) oder das Minuszeichen (-), um dieselben Funktionen wie AND, OR und NOT darzustellen.

Verwende die Bilderrückwärtssuche

Dir wird ein Bild zugeschickt, und du weißt nicht, ob dieses Bild echt ist oder ob es eventuell bearbeitet wurde? Dann möchte ich dir erklären, wie die Bilderrückwärtssuche bei Google funktioniert. Diese Funktion ermöglicht es dir, ein Bild hochzuladen oder die URL eines Bildes einzufügen und dann ähnliche Bilder oder Informationen zu finden. Um die Bilderrückwärtssuche zu verwenden, musst du die Google Bildersuche aufrufen und auf das Kamera-Symbol in der Suchleiste klicken.

Hier hast du die Möglichkeit, entweder ein Bild von deinem Computer hochzuladen oder die URL eines Bildes einzufügen, das du im Internet gefunden hast. Google wird dann nach ähnlichen Bildern und Informationen suchen und dir eine Liste von Suchergebnissen präsentieren. Du kannst durch die Ergebnisse blättern und auf ein Bild klicken, um mehr Informationen darüber zu erhalten.

Es gibt auch Filteroptionen, die du verwenden kannst, um die Ergebnisse einzugrenzen und dir nur bestimmte Größen, Farben oder Zeiträume der Veröffentlichung anzeigen zu lassen. Es ist jedoch zu beachten, dass die Bilderrückwärtssuche bei Google nicht immer hundertprozentig präzise ist, und es kann auch sein, dass nicht alle Bilder gefunden werden können. Aber es ist dennoch eine nützliche Funktion, um ähnliche Bilder und Informationen zu finden, wenn du nicht sicher

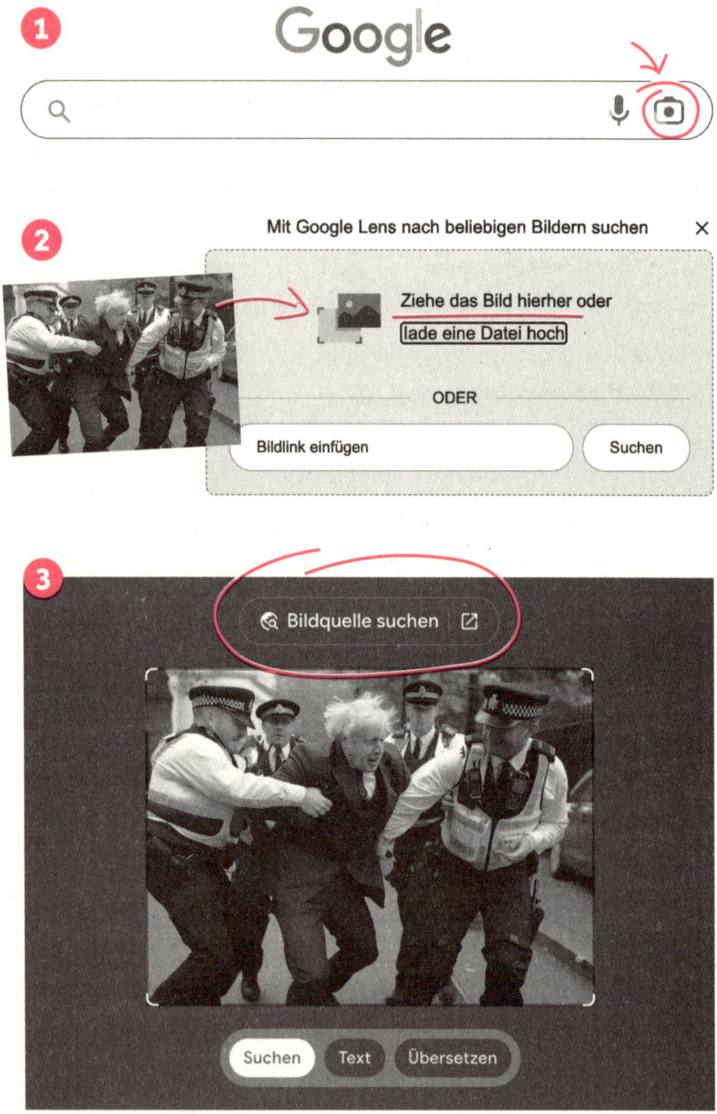

Abbildung 8.2 Bilderrückwärtssuche

bist, wo du ein bestimmtes Bild gesehen hast oder wer es erstellt hat.

Verwende Bibliotheken und Archiv-Datenbanken

Bibliotheken und Archiv-Datenbanken sind Ressourcen, die oft Zugang zu akademischen Artikeln und anderen Fachinformationen bieten. Sie sind besonders nützlich für akademische Recherchen, da sie oft Zugang zu Fachliteratur und anderen Fachquellen haben, die nicht öffentlich zugänglich sind. Dabei kannst du in öffentliche Bibliotheken gehen oder auch Online-Bibliotheken wie beispielsweise British Library verwenden. Es gibt aber auch spezifische Bibliotheken für ein Fachgebiet, zum Beispiel National Library of Medicine. Auch sind Google Scholar und JSTOR sehr nützliche Ressourcen für akademische Recherchen.

Gib eine Quelle an

Versuche am besten, immer eine Quelle anzugeben, wenn du jemandem etwas zuschickst. So kannst du deinem Gegenüber die Chance geben, dass er deine Aussagen überprüfen und auch beurteilen kann, ob du glaubwürdige oder unglaubwürdige Quellen benutzt hast.

Seriöse Quellen erkennen

Aber wie erkenne ich überhaupt glaubwürdige Quellen? Zum einen sicherlich an einem sachlichen Ton der Information, welcher es vermeidet, überzogene oder emotional aufgeladene Aussagen zu treffen, sodass du dir basierend auf den Informationen eine eigene Meinung bilden kannst. Wichtig ist auch, dass verschiedene Perspektiven berücksichtigt werden. Das bedeutet nicht, dass alle Ansichten gleichwertig sind (Stichwort False Balance), sondern dass es wichtig ist, die Meinungen und Argumente von Experten aus unterschiedlichen Bereichen zu berücksichtigen und dir diese zu präsentieren. Eine seriöse Quelle behauptet meist übrigens auch nicht, »geheime« oder »absolute« Wahrheiten herausgefunden zu haben, die dir sonst verschwiegen werden. Denn seriöse Quellen erkennt man daran, dass sie keine wilden Spekulationen anstellen.

Ein Autor oder eine Autorin mit qualifiziertem Hintergrundwissen und Erfahrung in dem besprochenen Thema ist ebenfalls ein Indiz für eine seriöse Quelle. Genau wie die Angabe von Originalquellen, die dir helfen, die Informationen, auf die der Autor sich beruft, zu überprüfen.

Ein weiteres wichtiges Merkmal ist, dass die Informationen aus anderen seriösen Kanälen bestätigt werden. Dies bedeutet nicht, dass die Informationen von allen, aber zumindest von mehreren seriösen Quellen bestätigt werden. Genau das ist bei Fake News nämlich oft nicht der Fall.

Wie erkenne ich Fake News?

Eins schon mal vorweg: Im Dschungel der Informationen, die wir tagtäglich durch unsere Smartphones, Laptops, Zeitungen, Radio, TV und vieles mehr erhalten, ist es eine Herausforderung, Fake News und unseriöse Nachrichten zu erkennen und von seriösen Nachrichten zu unterscheiden. Es gibt jedoch einige Schritte, die du unternehmen kannst, um sicherzustellen, dass du geprüfte Informationen erhalten hast und nicht von falschen Informationen getäuscht worden bist.

Einer der wichtigsten Schritte bei der Erkennung von Fake News ist die Überprüfung der Quelle. Nicht gerade selten bekommt man ein Video, einen Screenshot von einem Artikel oder einen Text ohne Quelle zugeschickt. Dadurch fällt es dir natürlich schwer zu überprüfen, ob das Ganze nun stimmt oder nicht. Vor allem, weil man durch Photoshop so ziemlich alles bearbeiten kann, bis es nach einer echten Mitteilung aussieht. Aber um eine derartige Fälschung auszumachen, braucht man sich nicht mal wirklich mit Photoshop auszukennen.

Es gibt zum Beispiel Design-Seiten wie Canva, mit denen die Erstellung von Designs kinderleicht ist. Genau wie die Änderung der HTML-Darstellung auf bestimmten Seiten, die es einem erlaubt, jeden Text auf einer Website einfach nach den eigenen Wünschen abzuändern. Du glaubst mir nicht? Nun ja, in Abbildung 8.3 kannst du sehen, was die Tagesschau über mich berichtet. Nicht schlecht, oder? Aber: Was wie eine seriöse Meldung der Tagesschau aussieht, ist natürlich nur ein Fake, den ich zur Veranschaulichung an dieser Stelle erstellt habe.

Ganz anders sind die Erstellenden von Fake News: Sie fertigen einen Screenshot an und verbreiten so eine täuschend echte Meldung. Genau deshalb ist es so wichtig, die Quelle zu überprüfen. Es ist nichts falsch daran, auf einen zugeschickten Artikel mit der Frage zu reagieren: »Kannst du mir die Quelle oder den Link zu diesem Beitrag schicken?«

Abbildung 8.3
So lassen Fake-News-Ersteller Fake News echt aussehen

1 Untersuchen

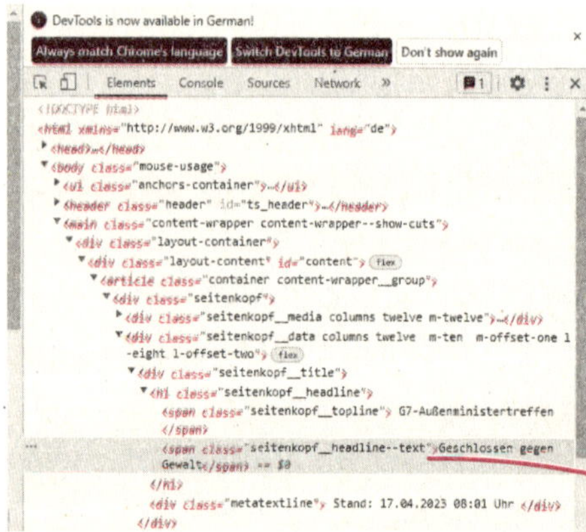

2 Textstelle suchen

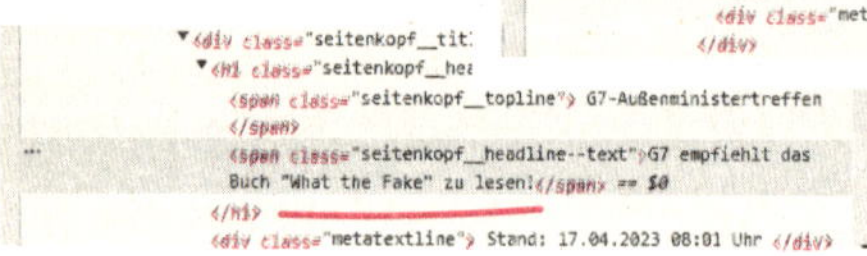

3 Ersetzen

Wenn du eine Quelle erhalten hast, dann schau dir den Namen der Nachrichtenorganisation oder des Autors an und prüfe, ob sie seriös und etabliert sind. Wenn du unsicher bist, kannst du die Quelle in einer Suchmaschine eingeben und sehen, ob es andere Berichte über die Organisation oder den Verfasser oder die Verfasserin gibt oder ob es sich um eine Satirezeitschrift oder eine populistische Schrift handelt, die durch plakative Behauptungen Angst und Panik verbreiten möchte.

Fake News bedienen sich oft reißerischer Überschriften. So soll die Meldung brisant wirken und für Empörung sorgen – sowohl in Text als auch in Videos. Bei Formulierungen wie »Das solltest du auf keinen Fall tun!« oder »Achtung, in ganz Deutschland verbreitet sich ...« solltest du eine Grundskepsis haben. Allerdings kann man diese Aussage auch nicht pauschalisieren, da Signalwörter wie »Achtung« auf schnelllebigen Plattformen wie TikTok fast schon inflationär gebraucht werden, um deine Aufmerksamkeit zu erhaschen. Aber: Eine dramatisierende Aufmachung mit bedrohlicher Musik, die Verwendung von emotional aufgeladenen Wörtern in Großbuchstaben oder Signalfarben ist ebenfalls ein Merkmal von Fake News.

Ein weiteres Merkmal: Für Fake News werden Sätze von Personen, Videos oder Fotos fast immer aus dem Kontext gerissen. Rund um diese Information wird dann eine neue, unwahre und nicht belegbare Geschichte gesponnen, bei der vermehrt von der Aufdeckung oder der »ganzen« Wahrheit die Rede ist.

Ein weiteres wichtiges Merkmal von Fake News ist, dass sie oft unglaubwürdig oder übertrieben erscheinen. Wenn eine Nachricht zu gut klingt, um wahr zu sein, oder unglaubliche

Behauptungen enthält, solltest du misstrauisch werden. Es ist auch wichtig, die Fakten in Form von zum Beispiel Zahlen in der Nachricht zu überprüfen. Wenn die Informationen nicht nachprüfbar sind oder sich als falsch herausstellen, solltest du die Nachricht nicht glauben.

Betrachte außerdem nicht nur eine, sondern mehrere Quellen, bevor du eine Schlussfolgerung ziehst. Wenn eine Nachricht von mehreren seriösen Quellen bestätigt wird, ist es wahrscheinlicher, dass sie zutreffend ist. Wenn eine Nachricht jedoch nur von einer Quelle berichtet wird, solltest du vorsichtig sein.

Seiten, die du nutzen kannst, um Fake News zu überprüfen

Es gibt Tools und Websites, die du nutzen kannst, um Nachrichten auf ihre Seriosität zu überprüfen. Dazu zählen Faktencheck-Seiten wie Snopes.com, FactCheck.org, Correctiv.org, Factsforfriends.de, Faktenfuchs, Mimikama.org, International Fact-Checking Network und viele mehr.

Auch auf meiner Website www.keinfakenews.de schreibe ich regelmäßig vereinfachte Blogartikel und Faktenchecks, die Meldungen auf Social Media und im Netz auf ihre Richtigkeit überprüfen und dir dabei helfen, die Information einzuordnen und Falschmeldungen zu identifizieren.

Aber hey, wir alle waren und werden Opfer von Fake News sein, denn es ist nicht immer einfach, Fake News zu erkennen, und selbst erfahrene Journalistinnen und Journalisten werden manchmal von Falschmeldungen getäuscht. Indem du jedoch die oben genannten Schritte befolgst, kannst du deine Chance erhöhen, Fake News zu erkennen und dich vor falschen Informationen zu schützen. Was ich dir damit sagen möchte: Du solltest dir die Zeit nehmen, um Nachrichten und mehrere Quellen zu überprüfen, um sicherzustellen, dass du die Wahrheit erfährst.

Fake it – until you make it!

So, da du jetzt bestens über Fake News Bescheid weißt, ist es an der Zeit, dass du selbst Fake News erstellst. Ja, du hast richtig gelesen. Denn dann, wenn du in einem sicheren Rahmen wie hier in diesem Buch Fake News nach den gelernten Merkmalen erstellst, prägt sich das Ganze besser ein, und dir werden die Merkmale einer Falschmeldung noch mal bewusster. Wir machen einfach eine Challenge daraus. Schicke mir doch per Mail an kontakt@keinfakenews.de deine Fake News. Die besten und spannendsten werde ich in einem Video auf meinen Socials vorstellen. Ganz wichtig: Den Hashtag #whatthefake nicht vergessen.

Nützliche Seiten

- keinfakenews.de
- Correctiv.org
- Snopes.com
- Politifact.com
- Factcheck.org

- Truthorfiction.com
- Hoax-slayer.com
- Urbanlegends.about.com
- Hoaxsearch.com
- Mimikama.at
- Denic.de
- Hoaxmap.org
- Tineye.com
- factsforfriends.de
- faktencheck.afp.com
- br.de/nachrichten/faktenfuchs-faktencheck
- dpa-factchecking.com/germany/

Warum du nun gegen Fake News geimpft bist

Auf den ersten Seiten habe ich dieses Buch hier wie einen Ratgeber, wie eine Art Impfpass beschrieben. Doch warum eigentlich? Wenn man so will, wurdest du durch das Wissen in diesem Buch ja irgendwie geimpft. Denn egal, wie groß dein Vorwissen zu Fake News vor dem Lesen dieses Buches war, so ist sicher auch viel Neues in dein Bewusstsein gerückt – und dadurch wirst du nun anders reagieren, wenn du auf Fake News stößt. Eventuell werden sie dir bewusster, oder du leitest nichts mehr weiter, was du vorher nicht geprüft hast.

Eine Studie[1] hat gezeigt, dass wenn man eine abgeschwächte Form von Fehlinformationen erhält, beispielsweise eine Warnung, präventive Widerlegung oder das Erstellen von Fake News, so baut sich eine Immunität gegenüber späteren

FAKE IT

Erstselle deine eigenen Fake News

1. **Überschrift**

2. **Beschreibung**

3. **Wie kann man meine Fake News widerlegen?**

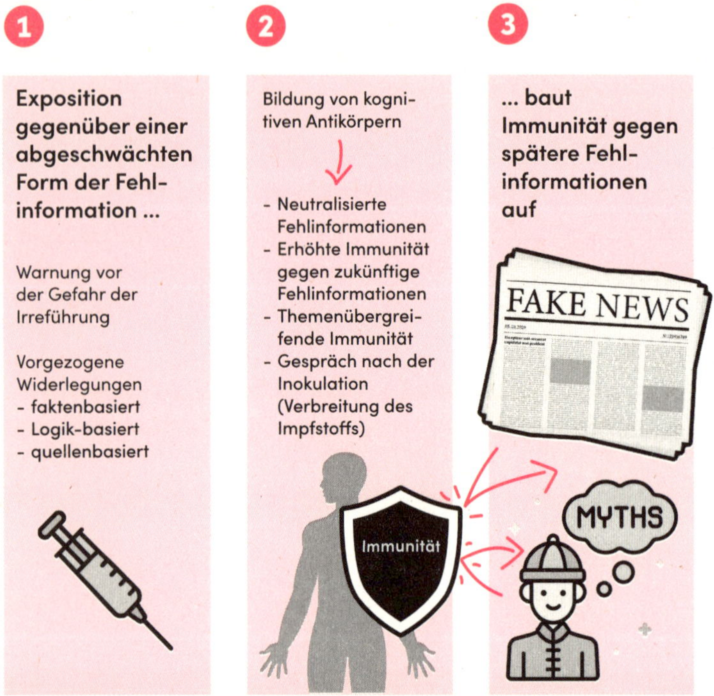

Abbildung 8.4 Theorie der psychologischen Impfung

Fehlinformationen auf, die auch über verschiedene Themen hinweg wirksam ist.

Dies basiert auf der Theorie der psychologischen Impfung, die besagt, dass Menschen resistenter gegen Fehlinformationen werden, wenn sie gewarnt werden und Beispiele dafür sehen, wie sie getäuscht werden. So sind Prebunking (also präventive Maßnahmen, wie beispielsweise dieses Buch) und Debunking, das heißt die Widerlegung und Aufklärung von

Falschinformationen, beispielsweise die Arbeit der Faktencheckseiten oder auch meine Videos, eine gute Methode, um Menschen vor Fake News zu schützen. Dadurch entsteht eine Art psychologische Impfung, die kognitive Antikörper bilden lässt. Diese Antikörper sind aktiv, sobald wir auf neue Falschinformationen treffen. Aus diesem Grund erachte ich es für wichtig, dieses Buch geschrieben zu haben, um die Themen eventuell einer neuen Zielgruppe einfach und unterhaltsam näherzubringen.[2]

Und wie einen Impfbooster oder Impfpass sollte man dieses Buch ab und an wie einen Ratgeber wieder aufschlagen, um die Impfung aufzufrischen. Und genau deshalb findest du an dieser Stelle deinen persönlichen KeinFakeNews-Impfpass. Den kannst du ausschneiden und irgendwo hinlegen, sodass dir das Thema Fake News immer wieder bewusst vor Augen geführt wird.

WTF? – Schon vorbei? – Danke!

What the Fake? Schon vorbei? Die Welt der Fake News ist durch ihre verschiedenen Facetten so unfassbar groß und auch spannend, dass es mir vorkommt, als hätte ich gerade erst angefangen, darüber zu berichten. Es war schon immer mein Traum, ein Buch von mir als Autor im Regal zu haben. Doch meine Erwartung wurde übertroffen, denn wenn du diese Zeilen liest, dann macht es mich stolz und sehr glücklich, dass auch du dieses Buch in deinem Regal stehen hast. Dafür ein großes Danke von mir an dich.

Danke, dass du dir die Zeit genommen hast, dieses Buch zu lesen, und danke, dass du nun durch das Wissen zum Faktenchecker geworden bist. Ich hoffe, du konntest vieles aus diesem Buch mitnehmen. Du hast von meiner Geschichte erfahren und wie ich mit dem Thema Fake News in Kontakt gekommen bin. Du hast gelernt, dass Fake News kein neues Phänomen sind, sondern eine lange Geschichte haben, und dass viele historische Ereignisse von ihnen geprägt wurden.

Du hast gelernt, dass wir eher schlecht darin sind, Lügner zu erkennen. Du hast die verschiedenen Arten von Falsch- und Missinformationen kennengelernt und erfahren, dass Fake News und Verschwörungstheorien sehr gefährlich sein können und psychologische Effekte sowohl bei der Verbreitung, die vermehrt auf Social Media stattfindet, als auch beim Erhalt von Informationen eine Rolle spielen. Zu guter Letzt hast du gelernt, wie du seriöse Nachrichten von Fake News unterscheidest und bereits die Informationen aus diesem Buch dich vor Fake News schützen können.

Danksagung

Ich möchte mich als Allerersten bei meiner Community bedanken, die meinen Content und mich regelmäßig verfolgt, auch für die positive Resonanz, die ich tagtäglich von euch erhalte. Ihr seid die Besten!

Ich möchte mich ebenfalls bei meiner Familie, meinem Vater Agim, meiner Mutter Diana und meiner Schwester Arnisa bedanken, die an meiner Seite stehen und auch Verständnis

KEINFAKENEWSORGANIZATION

NO FAKE NEWS ORGANIZATION

INTERNATIONALE BESCHEINIGUNGEN ÜBER IMPFUNGEN GEGEN FAKE NEWS

INTERNATIONAL CERTIFICATES OF VACCINATION AGAINST FAKE NEWS

ausgestellt für / issued to

____

Name, Vorname / Surname, given name

____

Geburtsdatum / Born on

____

Wohnort und Straße / Address

____

Reisepass-Nr. oder Nr. des Pers.- Ausweises

Passport No. or Identity card No.

Abbildung 8.5 Dein KeinFakeNews-Impfpass

IMPFPASS

IMPFUNG	IMPFUNG GEGEN	UNTERSCHRIFT / DATUM
CONSPIR	VERSCHWÖRUNGSTHEORIEN	
HOAX-B-GONE	HOAXES	
FRAUD-BLOCKER	BETRUG / FAKE SHOPS / PHISHING	
FACT-A-VAC	FAKE NEWS / IRREFÜHRENDE INHALTE.	
VERITA-S	LÜGEN / ERFUNDENE GESCHICHTEN / URBANE LEGENDEN	
PROPERNA	PROPAGANDA	

haben, wenn ich mal weniger Zeit habe. Von meinen Eltern wurde mir beigebracht, immer neugierig zu sein und nachzufragen, wenn etwas unklar gewesen ist oder ich mehr erfahren wollte.

Zwei Personen möchte ich einen ganz besonderen Dank aussprechen: meiner Frau, die immer an meiner Seite steht und mich unterstützt – auch während ihrer Schwangerschaft. Und zu guter Letzt meiner Tochter, denn zum Zeitpunkt der Veröffentlichung dieses Buches bist du gerade erst auf die Welt gekommen, und ich kann es kaum erwarten, an dich meine Faszination für die Welt mit allen ihren tollen Facetten weiterzugeben.

Quellenverzeichnis

Kapitel 1

1 L. Ceci, »Number of TikTok users worldwide from 2020 to 2025«, 05.09.2022, in: *Statista*, https://www.statista.com/statistics/1327116/number-of-global-tiktok-users/ (letzter Zugriff: 29.03.2023)

2 Newsroom TikTok, »Eine Millarde mal Danke«, in: *TikTok Neuigkeiten*, https://newsroom.tiktok.com/de-de/eine-milliarde-mal-danke (letzter Zugriff: am 10.04.2023)

3 P. Ekman, »Expression and the Nature of Emotion«, 1984, in: Scherer, K. & Ekman, P. (Eds.), *Approaches to Emotion* (S. 319-343). Hillsdale, NJ: Lawrence Erlbaum

4 o.A., »How does TikTok use machine learning?«, 16.02.2022, in: *DEV*, https://dev.to/mage_ai/how-does-tiktok-use-machine-learning-5b7i (letzter Zugriff: 08.09.2022)

5 Markus Antonius Wirtz, »Salienz«, in: *Dorsch - Lexikon der Psychologie*, https://dorsch.hogrefe.com/stichwort/salienz (letzter Zugriff: 29.03.2023)

6 Markus Antonius Wirtz, »Door-in-the-face-Technik«, in: *Dorsch - Lexikon der Psychologie*, https://dorsch.hogrefe.com/stichwort/door-in-the-face-technik#search=de6916d40667607b1479409265eeb9a1&offset=0 (letzter Zugriff: 29.03.2023)

7 Justin Kruger und David Dunning, »Unskilled and Unaware of It: How Difficulties in Recognizing One's Own Incompetence Lead to Inflated Self-Assessments«, 1999, in: *Journal of Personality and Social Psychology*

8 Jens Voss, »Dunning-Kruger-Effekt: Warum sich Halbwissende für besonders klug halten«, 05.06.2020, in: *National Geographic*, https://www.nationalgeographic.de/wissenschaft/2020/06/dunning-kruger-effekt-warum-sich-halbwissende-fuer-besonders-klug-halten (letzter Zugriff: 05.04.2023)

9 E.Nuhfer, S.Fleisher, C. Cogan, K. Wirth & E. Gaze, »How Random Noise and a Graphical Convention Subverted Behavioral Scientists' Explanation of Self-Assessment Data: Numeracy Underlies Better Alternatives«, 2017, in: *Numeracy, 10*(1). doi:10.5038/1936-4660.10.1.4

10 Platon, *Apologie 22d*, Übersetzung von Friedrich Schleiermacher, bearb. von Heinz Hofmann, 5. Aufl., WBG, Darmstadt 2005, S. 17; in anderen Übersetzungen wird etwas eingeschränkt: so gut wie nichts, praktisch nichts (z. B. Otto Apelt, Ernst Heitsch, Rafael Ferber, Harold North Fowler).

11 Anika Jonas, »Morgellons auf FFP2-Masken und Coronatests? Was hinter vermeintlichem Parasitenbefall steckt«, 10.04.2021, in: *Focus*, https://www.focus.de/gesundheit/ratgeber/psychologie/psychodermatologe-erklaert-phaenomen-was-hinter-morgellons-steckt_id_13148237.html (letzter Zugriff: 05.04.2023)

12 Euronews mit dpa (Hg.), »Faktencheck: Bevölkern Parasiten Masken und Teststäbchen?«, 05.04.2021, in: *euronews*, https://de.euronews.com/2021/04/05/faktencheck-bevolkern-parasiten-schutzmasken-und-teststabchen (letzter Zugriff: 05.04.2023)

13 Reuters Institute und Oxford University (Hg.), »Digital News Report Interactive«, 2022, in: *Reuters Institute*, https://reutersinstitute.politics.ox.ac.uk/digital-news-report/2022/interactive (letzter Zugriff: 08.04.2023)

14 pwc (Hg.), »Wie viele Deutsche haben schon Fake News wahrgenommen?«, 2019, in: *»Fake News« Ergebnisse einer Bevölkerungsbefragung*, https://www.pwc.de/de/technologie-medien-und-telekommunikation/PwC%20190420%20Berichtsband%20Fake%20News.pdf (letzter Zugriff: 08.04.2023)

15 Glenn Kessler, Meg Kelly, Salvador Rizzo and Michelle Ye Hee Lee, »In four years, President Trump made 30,573 false or misleading claims«, 20.01.2021, in: *The Washington Post*, https://www.washingtonpost.com/graphics/politics/trump-claims-database/?itid=lk_interstitial_manual_9 (letzter Zugriff: 08.09.2023)

Kapitel 2

1 o.A., »Fake News haben eine lange Tradition«, 31.03.2017, in: *scinexx das Wissensmagazin*, https://www.scinexx.de/news/geowissen/fake-news-haben-eine-lange-tradition/ (letzter Zugriff: 29.03.2023)

2 o.A., »Warum es in Delphi orakelte«, 30.09.2006, in: *bild der wissenschaft*, https://www.wissenschaft.de/astronomie-physik/warum-es-in-delphi-orakelte/ (letzter Zugriff: 29.03.2023)

3 Jan von Flocken, »War Kaiser Nero wirklich ein Brandstifter?«, 02.04.2008, in: *welt.de*, https://www.welt.de/kultur/history/article1863832/War-Kaiser-Nero-wirklich-ein-Brandstifter.html (letzter Zugriff: 29.03.2023)

4 Berthold Seewald, »Kleopatras Flucht bei Actium war ihr letzter Sieg«, 27.11.2013, in: *welt.de,* https://www.welt.de/geschichte/article122305702/Kleopatras-Flucht-bei-Actium-war-ihr-letzter-Sieg.html (letzter Zugriff: 29.03.2023)

5 Terra X, »Die berühmtesten Fake News der Geschichte«, https://www.zdf.de/dokumentation/terra-x/videos/fake-news-geschichte-100.html (letzter Zugriff: 10.04.2023)

6 o.A., »Vor 150 Jahren: Mit FakeNews in den Krieg«, 10.07.2020, in: *Unser Oberberg ist bunt, nicht braun!,* https://www.oberberg-ist-bunt.org/wordpress/vor-150-jahren-mit-fakenews-in-den-krieg/ (letzter Zugriff: 29.03.2023)

7 o.A., »Fake News haben eine lange Tradition«, 31.03.2017, in: *scinexx das Wissensmagazin,* https://www.scinexx.de/news/geowissen/fake-news-haben-eine-lange-tradition/ (letzter Zugriff: 29.03.2023)

8 Wolfram Wessels, »13.7.1870: Bismarck veröffentlicht die ›Emser Depesche‹«, 12.07.2022, in: *SWR2,* https://www.swr.de/swr2/wissen/1371870-bismarck-veroeffentlich-die-emser-depesche-100.html (letzter Zugriff: 29.03.2023)

9 Jennifer Llewellyn, Steve Thompson: »Die große Angst«, 23.09.2019, in: *alpha history,* https://de.alphahistory.com/frenchrevolution/great-fear/ (letzter Zugriff: 29.03.2023)

10 o.A., »Grande Peur – Die Große Furcht«, in: *Französische Revolution,* https://franzoesische-revolution.net/grande-peur/ (letzter Zugriff: 29.03.2022)

11 o.A., »Kuchen-Zitat wird Marie Antoinette in den Mund gelegt«, in: *dpa factchecking,* https://dpa-factchecking.com/austria/220307-99-418194/ (letzter Zugriff: 29.03.2023)

12 Holger Kreitling, »Der Kuchen der Marie Antoinette«, 22.05.2011, in: *welt.de,* https://www.welt.de/print/wams/vermischtes/article13386586/Der-Kuchen-der-Marie-Antoinette.html (letzter Zugriff: 29.03.2023)

13 Lars Rensmann, »Wie eine dreiste Fälschung zum einflussreichen Verschwörungsmythos wurde«, 24.05.2021, in: *Spiegel Geschichte,* https://www.spiegel.de/geschichte/offensichtliche-faelschung-a-f2ae1 4aa-0002-0001-0000-000177512597 (letzter Zugriff: 30.03.2023)

14 Markus C. Schulte von Drach, »Über die ›Protokolle der Weisen von Zion‹«, 06.06.2018, in: *bpb: Bundeszentrale für politische Bildung,* https://www.bpb.de/themen/medien-journalismus/wahre-welle/270425/ueber-die-protokolle-der-weisen-von-zion/ (letzter Zugriff: 30.03.2023)

15 o.A., »Antisemitismus«, 11.09.2019, in: *United States Holocaust Memorial Museum,* https://encyclopedia.ushmm.org/content/de/article/antisemitism (letzter Zugriff: 30.03.2023)

16 Markus C. Schulte von Drach, »Über die ›Protokolle der Weisen von Zion‹«, 06.06.2018, in: *bpb: Bundeszentrale für politische Bildung,* https://www.bpb.de/themen/medien-journalismus/wahre-welle/270425/ueber-die-protokolle-der-weisen-von-zion/ (letzter Zugriff: 30.03.2023)

17 o.A., »Dolchstoßlegende als ›Fake News‹ in der Weimarer Republik«, in: *Bundesarchiv,* https://www.bundesarchiv.de/DE/Content/Dokumente-zur-Zeitgeschichte/19191118_hindenburg-dolchstosslegende.html (letzter Zugriff: 30.03.2023)

18 Rainer Sammet, »Dolchstoßlegende«, in: *Historisches Lexikon Bayerns,* https://www.historisches-lexikon-bayerns.de/Lexikon/Dolchstoßlegende (letzter Zugriff: 30.03.2023)

19 *LEMO, Lebendiges Museum Online,* https://www.dhm.de/lemo/kapitel/der-zweite-weltkrieg/kriegsverlauf/ueberfall-auf-polen-1939.html (letzter Zugriff: 16.05.2023)

20 o.A., »Angriff auf Polen: ›Von jetzt ab wird Bombe mit Bombe vergolten!‹«, 30.08.2021, in: *MDR Geschichte,* https://www.mdr.de/geschichte/ns-zeit/zweiter-weltkrieg/verlauf/angriff-ueberfall-auf-polen-beginn-zweiter-weltkrieg-erster-september-100.html (letzter Zugriff: 30.03.2023)

21 o.A., »Adolf Hitler, Erklärung der Reichsregierung vor dem Deutschen Reichstag, 1. September 1939«, in: *100(0) Schlüsseldokumente zur Deutschen Geschichte im 20. Jahrhundert,* https://www.1000dokumente.de/index.html?c=dokument_de&dokument=0209_pol&object=translation&l=de (letzter Zugriff: 09.04.2023)

22 Hans Hielscher, »›Der Führer braucht einen Kriegsgrund‹«, 30.08.2019, in: *SPIEGEL Geschichte,* https://www.spiegel.de/geschichte/ueberfall-auf-sender-gleiwitz-hitlers-vorwand-fuer-den-angriff-auf-polen-a-,1283909.html (letzter Zugriff: 30.03.2023)

23 Bundeszentrale für politische Bildung (Hg.), »Der Zweite Golfkrieg«, 31.07.2020, in: *bpb.de,* https://www.bpb.de/kurz-knapp/hintergrund-aktuell/210410/der-zweite-golfkrieg/ (letzter Zugriff: 10.04.2023)

24 Douglas Walton, »Appeal to pity. A case study of the argumentum ad misericordiam.«, 1995, in: *Argumentation* 9, 769-784, https://doi.org/10.1007/BF00744757 (letzter Zugriff: 08.04.2023)

25 Alexander Cockburn, »Right Stuff«, 1993, in: *London Review of Books*. Band 13, Nr. 3, S. 9

26 https://www.zdf.de/dokumentation/zdfinfo-doku/die-grossen-luegen-der-geschichte--100.html (letzter Zugriff: 28.02.2023)

27 https://www.mdr.de/medien360g/medienwissen/video-historische-fake-news-folge-vier-brutkastenluege100.html (letzter Zugriff: 15.08.2022)

28 Barbara Vorsamer: »PR-Agentur Hill & Knowlton Schmutzige Sprechblasen«, 21.05.2010, in: *Süddeutsche Zeitung*, https://www.sueddeutsche.de/politik/pr-agentur-hill-knowlton-schmutzige-sprechblasen-1.179920 (letzter Zugriff: 10.04.2023)

29 WDR, *Erster Irakkrieg: Die Baby-Lüge der USA* (1992), https://www.youtube.com/watch?v=Ti7oC2mzX3o. (letzter Zugriff: 10.04.2023)

30 *Tagesschau*, https://www.youtube.com/shorts/TKQahBzqY9A, (letzter Zugriff: 30.03.2023)

31 *Elfriede, Es begann mit einer Lüge - Der Krieg im Irak* [ZDF 2013], https://www.youtube.com/watch?v=x7DH1rWXYoY, (letzter Zugriff: 30.03.2023)

32 *ZDF, Die Geschichte ist voller Irrungen und Wirrungen*, https://www.zdf.de/dokumentation/die-glorreichen-10/die-dreistesten-fake-news-der-geschichte-102.html (letzter Zugriff: 30.03.2023)

33 Christoph Burgmer, »Auf Lügen gebaut«, 05.02.2013, in: *Deutschlandfunk*, https://www.deutschlandfunk.de/auf-luegen-gebaut-100.html (letzter Zugriff: 30.03.2023)

34 o.A., »›Wir hätten diesen Krieg nicht autorisiert‹«, 09.07.2004, in: *SPIEGEL Ausland*, https://www.spiegel.de/politik/ausland/vernichtendes-senatsurteil-wir-haetten-diesen-krieg-nicht-autorisiert-a-307968.html (letzter Zugriff: 30.03.2022)

35 Jan van Aken, »›Wir haben uns fast in allem geirrt‹ – ›We were almost all wrong‹«, in: *AG Friedensforschung*, http://www.ag-friedensforschung.de/themen/Biowaffen/duelfer-bericht.html (letzter Zugriff: 30.03.2022)

36 o.A., »CIA korrigiert sich offiziell: Keine Massenvernichtungswaffen im Irak«, 02.02.2005, in: *Der Standard,* https://www.derstandard.at/story/1937443/cia-korrigiert-sich-offiziell-keine-massenvernichtungswaffen-im-irak (letzter Zugriff: 30.03.2022)

37 9/11 Commission (Hrsg.) *Final Report of the National Commission on Terrorist Attacks Upon the United States.* United States Government Printing Office, 2004, S. 66.

38 James A. Thurber *Rivals for Power: Presidential-congressional Relations.* Rowman & Littlefield, 3. Auflage 2005, S. 290

39 Statista Research Department, »Anzahl der dokumentierten zivilen Todesopfer im Irakkrieg und in den folgenden Jahren von 2003 bis 2022«, 05.01.2023, in: *Statista,* https://de.statista.com/statistik/daten/studie/163882/umfrage/dokumentierte-zivile-todesopfer-im-irakkrieg-seit-2003/ (letzter Zugriff: 30.03.2022)

40 Salman Rawaf, »The 2003 Iraq War and Avoidable Death Toll«, 2013, in: *PLoS Med* 10(10): e1001532., https://doi.org/10.1371/journal.pmed.1001532 (letzter Zugriff: 10.04.2023)

41 Eric Schmitt, »Powell said that backing the war in Iraq was a ›blot‹ on his record«, 18.10.2021, in: *nytimes.com,* https://www.nytimes.com/2021/10/18/us/politics/iraq-war-colin-powell.html (letzter Zugriff: 08.04.2023)

Kapitel 3

1 Maria Haigh & Thomas Haigh, »Fighting and Framing Fake News«, 2020, in: *The SAGE Handbook of Propaganda* (S. 303–323).

2 eavi, »Beyond Fake News: 10 types of misleading news«, 2017, in: https://eavi.eu/beyond-fake-news-10-types-misleading-info/ (letzter Zugriff: 08.04.2023)

3 o.A., »FAQ des BMI: Desinformation im Kontext des russischen Angriffskriegs gegen die Ukraine«, 22.08.2022, in: *Bundesministerium der Finanzen,* https://www.bundesfinanzministerium.de/Content/DE/FAQ/faq-desinformation-russischer-angriffskrieg-gegen-die-ukraine.html (letzter Zugriff: 16.05.2023)

4 Susanne Eckelmann, »Joseph Goebbels 1897-1945«, 28.01.2023, in: *Lebendiges Museum Online,* https://www.dhm.de/lemo/biografie/joseph-goebbels (letzter Zugriff: 08.04.2023)

5 o.A., »Was ist Propaganda?«, 01.11.2011, in: *Bundeszentrale für politische Bildung*, https://www.bpb.de/themen/medien-journalismus/krieg-in-den-medien/130697/was-ist-propaganda/ (letzter Zugriff: 08.04.2023)

6 o.A., »Hoax (Falschmeldung) im Internet«, in: *Bundesamt für Sicherheit in der Informationstechnik*, https://www.bsi.bund.de/DE/Themen/Verbraucherinnen-und-Verbraucher/Cyber-Sicherheitslage/Methoden-der-Cyber-Kriminalitaet/Spam-Phishing-Co/Hoax-Falschmeldung/hoax-falschmeldung_node.html (letzter Zugriff: 08.04.2023)

7 o.A., »Hoax (Falschmeldung) im Internet«, 13.03.2019., in: *Süddeutsche Zeitung*, https://www.sueddeutsche.de/muenchen/momo-horrorfigur-kettenbrief-whatsapp-1.4366117 (letzter Zugriff: 08.04.2023)

8 Stella Hombach, »Der Horror für Eltern«, 07.03.2019, in: *ZEIT Online*, https://www.zeit.de/digital/internet/2019-03/momo-challenge-horrorfigur-internet-videos-kinder-suizid (letzter Zugriff: 08.04.2023)

9 Dylon Love, »The Shocking Drink And Incredible Coke History Of Subliminal Advertising«, 26.05.2011, in: *Business Insider*, https://www.businessinsider.com/subliminal-ads-2011-5 (letzter Zugriff: 08.04.2023)

10 J.C. Karremans, W. Stroebe & J. Claus, »Beyond Vicary's fantasies: The impact of subliminal priming and brand choice«, 2006, in: *Journal of Experimental Social Psychology*, 42, S. 792–798

11 o.A., »Was ist »Phishing« und was kann ich dagegen tun?«, in: *safeinternet.at*, https://www.saferinternet.at/faq/internetbetrug/was-ist-phishing-und-was-kann-ich-dagegen-tun/ (letzter Zugriff: 08.04.2023)

12 o.A., »Wie erkenne ich Phishing-E-Mails und -Webseiten?«, in: *Bundesamt für Sicherheit in der Informationstechnik*, https://www.bsi.bund.de/DE/Themen/Verbraucherinnen-und-Verbraucher/Cyber-Sicherheitslage/Methoden-der-Cyber-Kriminalitaet/Spam-Phishing-Co/Passwortdiebstahl-durch-Phishing/Wie-erkenne-ich-Phishing-in-E-Mails-und-auf-Webseiten/wie-erkenne-ich-phishing-in-e-mails-und-auf-webseiten_node.html (letzter Zugriff: 08.04.2023)

13 o.A., »Ärzte empfehlen, nachts eine Maske am Hinterkopf zu tragen, um Segelohren zu vermeiden«, 10.08.2020, in: *Der Postillon*, https://www.der-postillon.com/2020/08/maske-segelohren.html (letzter Zugriff: 08.04.2023)

14 Ralf Nowotny, »EU-Standard-Chip EPS ersetzt Personalausweis? – Satire!«, 27.03.2022, in: *Mimikama*, https://www.mimikama.org/eu-standard-chip-eps-ersetzt-personalausweis-satire/ (letzter Zugriff: 08.04.2023)

15 o.A., »Nahrungsergänzungsmittel vs. Arzneimittel«, in: *Bundesamt für Verbraucherschutz und Lebensmittelsicherheit*, https://www.bvl.bund.de/DE/Arbeitsbereiche/01_Lebensmittel/03_Verbraucher/04_NEM/01_NEM_Arzneimittel/NEM_Arzneimittel_node.html (letzter Zugriff: 08.04.2023)

16 o.A., »Nahrungsergänzungsmittel bei der Krebstherapie: Sinnvolle Ergänzung oder unterschätzte Gefahr?«, 18.12.2020, in: *krebsgesellschaft.de*, https://www.krebsgesellschaft.de/onko-internetportal/basis-informationen-krebs/bewusst-leben/nahrungsergaenzung-in-der-krebs-therapie.html (letzter Zugriff: 08.04.2023)

17 o.A., https://creepypasta.fandom.com/de/wiki/Deutsches_Creepypasta_Wiki (letzter Zugriff: 08.04.2023)

18 o.A., »Mordversuch wegen Slenderman - US-Gericht schickt 15-Jährige in geschlossene Anstalt«, 02.02.2018, in: *spiegel.de*, https://www.spiegel.de/panorama/justiz/slenderman-mordversuch-15-jaehrige-muss-in-geschlossene-anstalt-a-1191224.html (letzter Zugriff: 08.04.2023)

19 Jan Stranghöner, »SOCIAL ADS & WAHLKAMPF – SO SCHALTEN DIE PARTEIEN IHRE WAHLWERBUNG AUF FACEBOOK UND INSTAGRAM«, 23.09.2021, in: *dienerds.com*, https://dienerds.com/allgemein/social-ads-wahlkampf-so-schalten-die-parteien-ihre-wahlwerbung-auf-facebook-und-instagram/ (letzter Zugriff: 08.04.2023)

20 Stefan Niggemeier, »*Tagesschau* macht aus einem ukrainischem Angriff einen russischen – aber das ist nicht der ärgerlichste Fehler«, 20.06.2022, in: *uebermedien.de*, https://uebermedien.de/72986/tagesschau-macht-aus-einem-ukrainischem-angriff-einen-russischen-aber-das-ist-nicht-der-aergerlichste-fehler/(letzter Zugriff: 08.04.2023)

21 Janina Lückoff & Jana Heigl, »#Faktenfuchs: Desinformation durch Bilder im Ukraine-Krieg«, 26.02.2022, in: https://web.archive.org/web/20230225020740/https://www.br.de/nachrichten/wissen/faktenfuchs-desinformation-durch-bilder-im-ukraine-krieg,SyT5oIQ (letzter Zugriff: 16.05.2023)

22 o.A., »Ronaldo nach Saudi-Arabien - Spieler und Botschafter«, 31.12.2022, in: *sportschau.de*, https://www.sportschau.de/fussball/dpa-ronaldo-wechsel-zu-al-nassr-soll-perfekt-sein-100.html (letzter Zugriff: 08.04.2023)

23 Klaus Weber, »Ronaldos Grätsche - die keine war«, 17.6.2021, in: *ZDF*, https://www.zdf.de/nachrichten/wirtschaft/ronaldo-coca-cola-aktie-100.html (letzter Zugriff: 08.04.2023)

Kapitel 4

1 P. C. Wason & Diana Shapiro, »Natural and contrived experience in a reasoning problem«, 1971, in: *Quarterly Journal of Experimental Psychology*, S. 63–71.

2 L. Cosmides, »The logic of social exchange: Has natural selection shaped how humans reason? Studies with the Wason selection task.«, 1989, *Cognition*.

3 Dan Sperber & Vittorio Girotto, »Does the selection task detect cheater-detection?«, 2003, in: Kim Sterelny & Julie Fitness: *From Mating to Mentality: Evaluating Evolutionary Psychology*, S. 197–226, Psychology Press

4 W. Stangl, »Pinocchio-Effekt«, 2023, in: *Online Lexikon für Psychologie & Pädagogik*, https://lexikon.stangl.eu/23925/pinocchio-effekt (letzter Zugriff: 09.04.2023)

5 E. Dominguez Moliné, E. Salazar-López, G. Gálvez-García, J. Fernández-Gómez, J. De la Fuente, O. Iborra, F.J. Tornay & E. Gómez Milán, »The Mental Nose and The Pinocchio Effect: Thermography, planning, anxiety and lies«, 2018, in: *Journal of Investigative Psychology and Offender Profiling*.

6 Andreas Jahn, »Endlich schlank dank Pinocchio«, 29.11.2005, in: *spektrum.de*, https://www.spektrum.de/news/endlich-schlank-dank-pinocchio/794970 (letzter Zugriff: 09.04.2023)

7 o.A., »The Science of Lying: What You Need to Know«, 22.05.2022, in: *Go Science Girls*, https://gosciencegirls.com/science-of-lying/ (letzter Zugriff: 09.04.2023)

8 Paul Ekman, »Deception«, in: *paulekman.com*, https://www.paulekman.com/deception/ (letzter Zugriff: 10.04.2023)

9 Tatia M. C. Lee, Tiffany M. Y. Lee, Adrian Raine, Chetwyn C. H. Chan, »Lying about the Valence of Affective Pictures: An fMRI Study«, 25.08.2010, in: *journals.plos*, https://journals.plos.org/plosone/article?id=10.1371/ journal.pone.0012291 (letzter Zugriff: 09.04.2023)

10 Dina Temple-Raston, »Neuroscientist Uses Brain Scan to See Lies Form«, 30.10.2007, in: *npr.org*, https://www.npr.org/templates/story/story.php?storyId=15744871 (letzter Zugriff: 09.04.2023)

11 P. Ekman & W.V. Friesen, »Nonverbal leakage and clues to deception«, 1969, in: *Psychiatry: Journal for the Study of Interpersonal Processes*, S. 88–106.

12 S. L. Sporer & B. Schwandt, »Moderators of nonverbal indicators of deception: A meta-analytic synthesis«, 2007, in: *Psychology, Public Policy, and Law*, S. 1–34, Psychology Public Policy and Law.

13 o.A., »The Science of Lying: What You Need to Know«, 22.05.2022, in: *Go Science Girls*, https://gosciencegirls.com/science-of-lying/ (letzter Zugriff: 09.04.2023)

14 C. F. Bond, & B.M. DePaulo, »Accuracy of Deception Judgments«, 2006, in: *Personality and Social Psychology Review, 10*(3), S. 214–234

15 S. Porter & L. ten Brinke, »Reading between the lies: identifying concealed and falsified emotions in universal facial expressions«, 2008, in: *Psychol Sci*, 19(5), S. 508–514

16 M. Hartwig & C. F. Bond, »Lie detection from multiple cues: A meta-analysis«, 2014, in: *Applied Cognitive Psychology, 28*(5), S. 661–676

17 A. Vrij & R. Fisher, »Unraveling the Misconception About Deception and Nervous Behavior«, 2020, in: *Frontiers in Psychology*

18 A. Vrij, M. Hartwig, P. A. Granhag, »Reading Lies: Nonverbal Communication and Deception«, 2019, in: *Review of Psychology*, 2019, 70(1), S.295-317

19 C. Gelitz, »Wie gut können wir Lügen erkennen?«, 28.08.2020, in: *spektrum.de*, https://www.spektrum.de/news/menschenkenntnis-wie-gut-koennen-wir-luegen-erkennen/1760078 (letzter Zugriff: 09.04.2023)

20 o.A. »Here's how you know when someone's lying to your face«, 21.01.2021, in: *bigthink.com*, https://bigthink.com/neuropsych/lying-body-language/ (letzter Zugriff: 11.04.2023)

21 C. Gelitz, »Wie gut können wir Lügen erkennen?«, 28.08.2020, in: *spektrum.de*, https://www.spektrum.de/news/menschenkenntnis-wie-gut-koennen-wir-luegen-erkennen/1760078 (letzter Zugriff: 09.04.2023)

22 Theodor Schaarschmidt, »Der Traum von der Wahrheitsmaschine«, 02.10.2020, in: *spektrum.de*, https://www.spektrum.de/news/wie-gut-funktionieren-luegendetektoren/1774113 (letzter Zugriff: 09.04.2023)

23 o.A., »Polygraph Validity Research«, 2020, in: *polygraph.org*, https://www.polygraph.org/polygraph-validity-research (letzter Zugriff: 09.04.2023)

24 M. Vittorio, »The Effectiveness and Future of Polygraph Testing«, 03.09.2022, in: *Evidence-Based Community*, https://www.ebpsociety.org/blog/education/444-the-effectiveness-and-future-of-polygraph-testing (letzter Zugriff: 09.04.2023)

25 o.A., »Alles Bluff?! Die großen Hochstapler der Geschichte«, 05.12.2022, in: *zdf.de Terra X History*, https://www.zdf.de/dokumentation/zdf-history/alles-bluff-die-grossen-hochstapler-der-geschichte-100.html (letzter Zugriff: 16.05.2023)

26 o.A., »Die 7 grössten Betrüger und Hochstapler – denen auch du auf den Leim gekrochen wärst«, 21.12.2017, in: *watson.ch*, https://www.watson.ch/wissen/medien/372944155-die-7-groessten-hochstapler-denen-auch-du-auf-den-leim-gekrochen-waerst (letzter Zugriff: 09.04.2023)

27 J. Vellinger, »Victor Lustig - the man who (could have) sold the world«, 15.10.2003, in: *Radio Prague International*, https://english.radio.cz/victor-lustig-man-who-could-have-sold-world-8079199 (letzter Zugriff: 09.04.2023)

28 M. Zapf, »Wie der Hochstapler Victor Lustig den Eiffelturm verkaufte«, 18.12.2021, in: *Capital*, https://www.capital.de/wirtschaft-politik/trickbetrueger-victor-lustig-capital-history (letzter Zugriff: 09.04.2023)

29 A. Kohli, »Wie meine Stimme ohne mich Karriere machte«, 02.09.2008, in: *spiegel.de*, https://www.spiegel.de/geschichte/pop-skandal-milli-vanilli-a-949577.html (letzter Zugriff: 09.04.2023)

30 o.A., »Vor 25 Jahren flog der Milli-Vanilli-Schwindel auf«, 15.11.2005, in: *stern.de*, https://www.stern.de/kultur/musik/milli-vanilli--vor-25-jahren-flog-der-schwindel-auf-6556294.html (letzter Zugriff: 09.04.2023)

31 R. Bell, »Skywayman: The Story of Frank W. Abagnale Jr.«, 29.10.2003, in: *crimelibrary.com*, https://web.archive.org/web/20141221025413/http://www.crimelibrary.com/criminal_mind/scams/frank_abagnale/3.html (letzter Zugriff: 09.04.2023)

32 Nina Seegers, »Gelernter Postbote als Leitender Oberarzt«, 06.07.2012, in: *nwzonline.de*, https://www.nwzonline.de/bremen/bremen-betrug-gelernter-postbote-als-leitender-oberarzt_a_1,0,489788169.html# (letzter Zugriff: 09.04.2023)

33 S. Grosdidier, »Teletubbies verboten: Darum wurde die Kinderserie abgesetzt«, 08.03.2022, in: *fokus.de*, https://praxistipps.focus.de/teletubbies-verboten-darum-wurde-die-kinderserie-abgesetzt_142834 (letzter Zugriff: 09.04.2023)

34 Jessika Fichtel, »Tratschen: Früher überlebenswichtig, heute soziale Kompetenz«, 08.04.2021, in: *arbeits-abc.de*, https://arbeits-abc.de/tratschen/ (letzter Zugriff 10.04.2023)

35 R. Dunbar, *Grooming, Gossip and the Evolution of Language*, 1996, Cambridge, MA: Harvard University Press

36 J. Hauschild, »Reden ist Kleister«, 06.11.2020, in: *Psychologie Heute*, https://www.psychologie-heute.de/gesellschaft/artikel-detailansicht/40847-reden-ist-kleister.html (letzter Zugriff: 09.04.2023)

Kapitel 5

1 R. Harris, »ChatGPT gains 1 million users within 5 days«, 23.12.2022, in: *App Developer Magazine*, https://appdevelopermagazine.com/Chatgpt-gains-1-million-users-within-5-days/ (letzter Zugriff: 09.04.2023)

2 M. Thomas, »Blogs, Wikipedia, Second life, and beyond – By Axel Bruns«, 2008, in: *British Journal of Educational Technology*, 39 (6), S. 1132–1133

3 *Presserat*, https://www.presserat.de (letzter Zugriff: 09.04.2023)

4 o.A., »Der Creator Code«, in: https://business.pinterest.com/de/creator-code/ (letzter Zugriff: 09.04.2023)

5 o.A., »Filterblase«, 2022, in: *Bundeszentrale für politische Bildung,* https://www.bpb.de/kurz-knapp/lexika/lexikon-in-einfacher-sprache/303050/filterblase/ (letzter Zugriff: 09.04.2023)

6 o.A., »Sturm auf das US-Kapitol«, o.A Zusammenfassung in: *zeit.de,* https://www.zeit.de/thema/sturm-auf-us-kapitol (letzter Zugriff: 16.05.2023)

7 F. W. Zimmermann, »Sturm auf den Reichstag ohne Konsequenzen?«, 22.06.2022, in: *Legal Tribune Online,* https://www.lto.de/recht/hintergruende/h/reichsbuerger-stuermen-reichstag-viel-ermittlungsaufwand-wenige-verurteilungen-landfriedensbruch/ (letzter Zugriff: 09.04.2023)

8 M. Götschenberg, H. Schmidt & F. Bräutigam, »Razzia wegen geplanten Staatsstreichs«, 07.12.2022, in: *tagesschau.de,* https://www.tagesschau.de/investigativ/razzia-reichsbuerger-staatsstreich-101.html (letzter Zugriff: 09.04.2023)

9 University of Baltimore (Hg.), *THE ECONOMIC COST OF BAD ACTORS ON THE INTERNET*, 2019, in: https://s3.amazonaws.com/media.mediapost.com/uploads/EconomicCostOfFakeNews.pdf (letzter Zugriff: 09.04.2023)

10 o.A., »Pakistans Verteidigungsminister droht Israel mit Nuklearschlag«, 26.12.2016, in: *zeitonline.de,* https://www.zeit.de/politik/ausland/2016-12/fake-news-pakistan-israel-drohung-khawaja-asif (letzter Zugriff: 09.04.2023)

11 o.A., »Impfmythen«, 10.02.2023, in: *zusammengegencorona.de,* https://www.zusammengegencorona.de/faqs/impfen/impfmythen/ (letzter Zugriff: 09.04.2023)

12 I. Nachtigall & D. Fenske, »DAS SAGEN DIE EXPERTEN 13 Corona Impf-Mythen im Faktencheck«, 15.12.2021, in: *Helios Magazin,* https://www.helios-gesundheit.de/magazin/corona/news/13-corona-impf-mythen-im-faktencheck/ (letzter Zugriff: 09.04.2023)

13 o.A., »Entwicklung und Zulassung von COVID-19-Impfstoffen«, 12.12.2022, in: *infektionsschutz.de,* https://www.infektionsschutz.de/coronavirus/schutzimpfung/entwicklung-und-zulassung/ (letzter Zugriff: 09.04.2023)

14 S. Lewandowsky, U. K. H. Ecker, C.M. Seifert, N. Schwarz & J. Cook, »Misinformation and Its Correction: Continued Influence and Successful Debiasing«, 2012, in: *Psychological Science in the Public Interest, 13*(3), S. 106–131

15 o.A., »Mehr Giftnotrufe nach Trumps Äußerungen zu Einnahme von Desinfektionsmitteln«, 26.04.2020, in: *derstandard.de*, https://www.derstandard.de/story/2000117121045/mehr-giftnotrufe-nach-trumps-aeusserungen-zu-interessanter-corona-behandlung (letzter Zugriff: 09.04.2023)

16 A. Coleman, »›Hundreds dead‹ because of Covid-19 misinformation«, 12.08.2020, in: *BBC*, https://www.bbc.com/news/world-53755067 (letzter Zugriff: 09.04.2023)

17 M. S. Islam, T. Sarkar, S. H. Khan, et al., »COVID-19–Related Infodemic and Its Impact on Public Health: A Global Social Media Analysis«, 2020, in: *The American Journal of Tropical Medicine and Hygiene*, 103(4), S. 1621-1629

18 Timothy B. Lee., »The top 20 fake news stories outperformed real news at the end of the 2016 campaign«, 16.11.2016, in: *vox.com*, https://www.vox.com/new-money/2016/11/16/13659840/facebook-fake-news-chart (letzter Zugriff: 16.05.2023)

19 Saadia Zahidi, »The Global Risks Report 2023 18th Edition Insight Report«, 01.2023, *World Economic Forum*, https://www.weforum.org/reports/global- risks-report-2023/ (letzter Zugriff: 16.05.2023)

20 o.A., »Die 5 Top Fake News über den Ukraine-Krieg«, 31.08.2022, in: *Euro News*, https://de.euronews.com/my-europe/2022/08/31/die-5-top-fake-news-uber-den-ukraine-krieg (letzter Zugriff: 09.04.2023)

21 C. Wright, L.J. Ritter, C. Wisse, C.W. Gonzales, »Cultivating a Collaborative Culture for Ensuring Sustainable Development Goals in Higher Education: An Integrative Case Study«, 2022, in: *Sustainability*, 14(3), S. 1273

22 S. Hall, »Wie Exxon den Klimawandel entdeckte – und leugnete«, 13.11.2015, in: *spektrum.de*, https://www.spektrum.de/news/wie-exxon-den-klimawandel-entdeckte-und-leugnete/1374674 (letzter Zugriff: 09.04.2023)

23 o.A., »Deepfakes: Ist das echt?«, 26.06.2022, in: *bundesregierung.de*, https://www.bundesregierung.de/breg-de/themen/umgang-mit-desinformation/deep-fakes-1876736 (letzter Zugriff: 09.04.2023)

24 The Telegraph, »Deepfake video of Volodymyr Zelensky surrendering surfaces on social media«, 17.03.2022, https://www.youtube.com/watch?v=X17yrEV5sl4 (letzter Zugriff: 16.05.2023)

25 o.A., »Vertrauensstudie 2022: Angst vor der Zukunft – Jugendliche zwischen gesunder Skepsis und gefährlicher Verschwörungsneigung«, 2022, in: *bepanthen.de*, https://www.bepanthen.de/sites/g/files/vrxlpx36091/files/2022-08/Bepanthen-Kinderfoerderung_Vertrauensstudie2022_Ergebnispräsentation.pdf (letzter Zugriff: 09.04.2023)

26 M. Roser, E. Ortiz-Ospina & H Ritchie, »Life Expectancy«, 2013, in: *ourworldindata.org*, https://ourworldindata.org/life-expectancy#life-expectancy-has-improved-globally (letzter Zugriff: 09.04.2023)

27 J. Rudnicka, »Länder weltweit mit der höchsten durchschnittlichen Lebenserwartung bei der Geburt im Jahr 2022«, 06.04.2023, in: *statista.com*, https://de.statista.com/statistik/daten/studie/199603/umfrage/laender-mit-der-hoechsten-lebenserwartung-weltweit/ (letzter Zugriff: 09.04.2023)

28 N. Charbonneau, »Kindersterblichkeit in Deutschland & weltweit«, 17.01.2023, in: *unicef.de*, https://www.unicef.de/informieren/aktuelles/blog/-/kindersterblichkeit-weltweit-warum-sterben-kinder/274050 (letzter Zugriff: 09.04.2023)

29 o.A., »Wie steht es um das Bildungsniveau weltweit?«, in: *sos-kinderdoerfer.de*, https://www.sos-kinderdoerfer.de/informieren/wie-wir-helfen/bildung/hintergrund/bildung-weltweit-fakten (letzter Zugriff: 09.04.2023)

30 C. Roth, »Das Ozonloch schrumpft«, 22.09.2022, in: *dw.com*, https://www.dw.com/de/das-ozonloch-schrumpft/a-63171462 (letzter Zugriff: 09.04.2023)

Kapitel 6

1 o.A., »Rennen mit der roten Königin«, 20.12.2011, in: *wissenschaft.de*, https://www.wissenschaft.de/allgemein/rennen-mit-der-roten-koenigin/ (letzter Zugriff: 09.04.2023)

2 S. Vosoughi, D. Roy & S. Aral, »The spread of true and false news online«, 2018, in: *Science*, 359, S. 1146-1151

3 O.D. Apuke & B. Omar, »Fake news and COVID-19: modelling the predictors of fake news sharing among social media users«, 2021, *Telematics and Informatics*

4 T. Rosenstiel, J. Benz, E. Swanson et al., »›Who Shared It?‹: How Americans Decide What News to Trust on Social Media«, 2020, in: *The Media Insight Project*, https://apnorc.org/wp-content/uploads/2020/02/MediaInsight_Social-Media-Final.pdf (letzter Zugriff: 09.04.2023)

5 J. Singal, »Fake News Spreads Because People Trust Their Friends Too Much«, 21.03.2017, in: *New York Magazine*, https://nymag.com/intelligencer/2017/03/fake-news-spreads-because-people-trust-their-friends-too-much.html (letzter Zugriff: 09.04.2023)

6 G. Ceylan, I.A. Anderson & W. Wood, »Sharing of misinformation is habitual, not just lazy or biased«, 2023, in: *PNAS*, 120(4)

7 D.C. Chen & D.S. Chang, »Factors associated with belief or disbelief in false news: From the perspective of elaboration likelihood and moderating effect model«, 2019

8 J.P. Rudloff & M. Appel, »When truthiness trumps truth: Epistemic beliefs predict the accurate discernment of fake news«, 2019, in: *Journal of Applied Research in Memory and Cognition*

9 K.S. Cameron, »Actors of the most fiendish character: Explaining the associations between the Dark Tetrad and conspiracist ideation«, 2021, in: *Personality and Individual Differences*, 171

10 J. Desjardins, »Every Single Cognitive Bias in One Infographic«, 26.08.2021, in: *visualcapitalist.com*, https://www.visualcapitalist.com/every-single-cognitive-bias/ (letzter Zugriff: 09.04.2023)

Kapitel 7

1 o.A., »Leitfaden Verschwörungstheorien«, 2020, in: *conspiracytheories.eu*, https://conspiracytheories.eu/_wpx/wp-content/uploads/2020/04/COMPACT_Guide_Deutsch-2.pdf (letzter Zugriff: 09.04.2023)

2 J. Uscinski, A. Enders, C. Klofstad, M. Seelig, H. Drochon, et al., »Have beliefs in conspiracy theories increased over time?«, 2022, in: *PLOS ONE*, 17(7)

3 S. Lewandowsky & J. Cook, »Das Handbuch über Verschwörungsmythen«, 2020, in: *climatechangecommunication.org*, https://www.climatechange-communication.org/wp-content/uploads/2020/04/ConspiracyTheory-Handbook_German.pdf (letzter Zugriff: 09.04.2023)

4 Wahn oder Wahrheit: Das verbirgt sich hinter Verschwörungstheorien | Quarks, https://www.youtube.com/watch?v=Wi-_Nd-Xs8o&t=2296s Minute 23 (letzter Zugriff: 16.05.2023)

5 o.A., »Leitfaden Verschwörungstheorien«, 2020, in: *conspiracytheories.eu*, https://conspiracytheories.eu/_wpx/wp-content/uploads/2020/04/COMPACT_Guide_Deutsch-2.pdf (letzter Zugriff: 09.04.2023)

6 C. Niesen, »Alles Wichtige zur NSA-Affäre«, 16.02.2017, in: *spiegel.de*, https://www.spiegel.de/politik/deutschland/nsa-affaere-worum-geht-es-a-1134779.html (letzter Zugriff: 09.04.2023)

7 V. Pawlik, »Haben Sie schon einmal geglaubt, dass an einem Verschwörungsmythos etwas dran ist?«, 14.03.2022, in: *statista.com*, https://de.statista.com/statistik/daten/studie/1181801/umfrage/glauben-an-verschwoerungsmythen-nach-alter/ (letzter Zugriff: 09.04.2023)

8 ARD, »Verschwörung Aktuell - Reptiloiden unter uns | WALULIS!«, 24.01.2017, in: *ardmediathek.de*, https://www.ardmediathek.de/video/walulis/verschwoerung-aktuell-reptiloiden-unter-uns-oder-walulis/funk/Y3JpZDovL2Z1bmsubmV0LzEwMzEvdmlkZW8vMTE4Mjg4 (letzter Zugriff: 09.04.2023)

9 C. Summerhayes & P. Beeching, »Hitler's Antarctic base: the myth and the reality Polar Record«, 2007, in: *Cambridge University Press* 43 (01) DOI: 10.1017/S0032247406005780X

10 C. Kühnel, »Die Erde ist keine Kugel«, 25.04.2014, in: *t-mobile.de*, https://www.t-online.de/nachrichten/wissen/id_67547944/schon-gewusst-die-erde-ist-keine-kugel.html (letzter Zugriff: 09.04.2023)

11 o.A., »Warum die Erde eindeutig eine Scheibe ist!«, in: *dlr.de*, https://www.dlr.de/next/desktopdefault.aspx/tabid-12657/22082_read-50426/ (letzter Zugriff: 09.04.2023)

12 Verschwörungstheorien – Ein Fall für Lesch & Steffens | Ganze Folge Terra X, https://www.youtube.com/watch?v=f7UvligKPCE&t=847s (letzter Zugriff. 16.05.2023)

13 o.A., »Conspiracy thinking: 25% of Europeans say the moon landing never happened«, 25.01.2022, in: *sciencebusiness.net*, https://sciencebusiness.net/news/conspiracy-thinking-25-europeans-say-moon-landing-never-happened (letzter Zugriff: 09.04.2023)

14 https://de.wikipedia.org/wiki/Verschwörungstheorien_zur_Mondlandung (letzter Zugriff: 09.04.2023)

15 H. Stapel & N. Schulze-Aissen, »Area 51: Was verbirgt die Militärbasis in der Wüste? », 4.11.2021, in: *geo.de*, https://www.geo.de/wissen/weltall/area-51--was-ist-das-geheimnis-der-air-force-basis--30890880.html (letzter Zugriff: 09.04.2023)

16 Gregor Aisch, Jon Huang & Cecilia Kang, »Dissecting the #PizzaGate Conspiracy Theories«, 10.12.2016, in: *The New York Times*, https://www.nytimes.com/interactive/2016/12/10/business/media/pizzagate.html?_r=0&mtrref=de.wikipedia.org&gwh=B0D9AE-C62E2024E5F386238AF5F7A59F&gwt=pay&assetType=PAYWALL (letzter Zugriff: 09.04.2023)

17 o.A., »Tatort: Katz und Maus: Das ist der reale Hintergrund des Falls«, 27.12.2022, in: *Stuttgarter Zeitung*, https://www.stuttgarter-nachrichten.de/inhalt.pizzagate-aus-dem-jahr-2016-tatort-katz-und-maus-das-ist-der-reale-hintergrund-des-falls.620603d2-4a54-48dd-b591-c6cba6ca031b.html (letzter Zugriff: 09.04.2023)

18 B. Zand, »Die QAnon-Verschwörung«, 16.03.2022, in: *ZDF*, https://www.zdf.de/dokumentation/dokumentation-sonstige/die-qanon-verschwoerung-100.html (letzter Zugriff: 09.04.2023)

19 R. Muller, »Adrenochrom – Stoffwechselprodukt von Adrenalin: Mythos und Wirklichkeit«, 12.03.2022, in: *medmix.at*, https://medmix.at/adrenochrom-mythos-und-wirklichkeit/ (letzter Zugriff: 09.04.2023)

20 I. Sansom, »Great dynasties of the world: The Rothschilds«, 17.09.2011, in: *The Guardian*, https://www.theguardian.com/lifeandstyle/2011/sep/17/rothschild-great-dynasties-ian-sansom (letzter Zugriff: 09.04.2023)

21 o.A., »The Rothschild Family«, in: *The Rothschild Archive*, https://family.rothschildarchive.org/home (letzter Zugriff: 09.04.2022)

22 I. Sansom, »Great dynasties of the world: The Rothschilds«, 17.09.2011, in: The Guardian, https://www.theguardian.com/lifeandstyle/2011/sep/17/rothschild-great-dynasties-ian-sansom (letzter Zugriff: 09.04.2023)

23 D. Evon, »Rothschild Family Wealth«, 29.10.2016, in: *snopes.com*, https://www.snopes.com/fact-check/rothschild-family-wealth/ (letzter Zugriff: 09.04.2023)

24 B. Dunning, »Deconstructing the Rothschild Conspiracy«, 22.05.2012, in: *skeptoid.com*, https://skeptoid.com/episodes/4311 (letzter Zugriff: 09.04.2023)

25 Wie die Rothschilds (angeblich) die Welt regieren – Mr. Wissen 2Go, https://www.youtube.com/watch?v=_m5enJeq6j4&t=636s (letzter Zugriff: 16.05.2023)

26 M. Janning, »Der Schwarze Tod – die Pest in Europa«, 04.11.2022, in: *planet-wissen.de*, https://www.planet-wissen.de/geschichte/mittelalter/leben_im_mittelalter/pwiederschwarzetoddiepestwuetetineuropa100.html (letzter Zugriff: 09.04.2023)

27 D. Evon, »Rothschild Family Wealth«, 29.10.2016, in: *snopes.com*, https://www.snopes.com/fact-check/rothschild-family-wealth/ (letzter Zugriff: 09.04.2023)

28 Statista Research Department, »Umsatz der Microsoft Corporation in den Geschäftsjahren 2002 bis 2022«, 29.07.2022, in: *statista.com*, https://de.statista.com/statistik/daten/studie/155707/umfrage/entwicklung-des-umsatzes-der-microsoft-corporation-seit-dem-geschaeftsjahr-2002/ (letzter Zugriff: 09.04.2023)

29 Statista Research Department, »Umsatz von Apple Inc. weltweit in den Geschäftsjahren von 2004 bis 2022«, 07.02.2023, in: *statista.com*, https://de.statista.com/statistik/daten/studie/39388/umfrage/umsatz-von-apple-seit-2004/ (letzter Zugriff: 09.04.2023)

30 N. Buske, »Das sind die reichsten Familien der Welt«, 08.09.2022, in: *handelsblatt.com*, https://www.handelsblatt.com/unternehmen/mittelstand/familienunternehmer/ranking-2022-das-sind-die-reichsten-familien-der-welt/22740912.html (letzter Zugriff: 09.04.2023)

31 Geschäftssinn, Gas und Größenwahn: Katars Weg zur Spitze | ZDFinfo Doku, https://www.youtube.com/watch?v=CiMw5aVZdmo&t=1542s (letzter Zugriff: 16.05.2023)

32 o.A., »Mythos: Das Geheimnis der Illuminaten«, 01.11.2021, in: *ZDF*, https://www.zdf.de/dokumentation/zdfinfo-doku/mythos--die-groessten-raetsel-der-geschichte--das-geheimnis-der-illuminaten-100.html (letzter Zugriff: 09.04.2023)

33 I. Reichert, »Freimaurer«, 2014, in: *planet-wissen.de* https://www.planet-wissen.de/gesellschaft/organisationen/die_freimaurer/index.html (letzter Zugriff: 16.05.2023)

34 o.A., »Glückszahl 13, Sterne, Pyramide und Adlerkopf: Symbolsprache, Heraldik und humanistische Wurzeln der heutigen Dollarnoten jenseits von Verschwörungsphantasien«, in: *moneymuseum.com,* https://www.moneymuseum.com/de/archiv-der-dokumente/glueckszahl-13-sterne-und-adler-80?slbox=true (letzter Zugriff: 09.04.2023)

35 About 9/11, https://www.memorialmapping.com/about-9-11 (letzter Zugriff: 09.04.2023)

36 o.A., »Who Was Behind 9/11?«, 10.09.2008, in: *drum.lib.umd.edu,* https://drum.lib.umd.edu/bitstream/handle/1903/10638/WPO_911_Sep08_quaire.pdf?sequence=2&isAllowed=y (letzter Zugriff: 09.04.2023)

37 T. Bernhardt, »9/11 gibt immer noch Rätsel auf: Faktencheck«, 12.09.2022, in: *swr.de,* https://www.swr3.de/aktuell/fake-news-check/faktencheck-9-11-was-geschah-wirklich-am-11-september-2001-warum-gibt-es-noch-reatsel-100.html (letzter Zugriff: 09.04.2023)

38 F. Schimikowski, »Operation Northwoods – US Geheimplan zum Sturz Fidel Castros«, 13.03.2020, in: *deutsches-spionagemusum.de,* https://www.deutsches-spionagemuseum.de/2020/03/13/operation-northwoods-us-geheimplan-zum-sturz-fidel-castros (letzter Zugriff: 16.05.2023)

39 o.A., »11. September: Diese Verschwörungstheorien ranken sich um die Terroranschläge«, 10.09.2022, in: *Nürnberger Nachrichten,* https://www.nn.de/welt/11-september-diese-verschworungstheorien-ranken-sich-um-die-terroranschlage-1.9310030 (letzter Zugriff: 09.04.2023)

40 F. Rütten, N. Kruse & A. Meyer-Thoene, »Diese 9/11-Verschwörungstheorien halten sich bis heute hartnäckig«, 11.09.2021, in: *stern.de,* https://www.stern.de/politik/ausland/11--september-2001--diese-9-11-verschwoerungstheorien-halten-sich-hartnaeckig-7615012.html (letzter Zugriff: 09.04.2023)

41 o.A., »Wie konnten die Türme so leicht zusammenfallen?«, 07.09.2016, in: *spiegel.de*, https://www.spiegel.de/panorama/zeitgeschichte/wie-konnten-die-tuerme-so-leicht-zusammenfallen-a-435668.html (letzter Zugriff: 09.04.2023)

42 o.A., »Questions and Answers about the NIST WTC 7 Investigation«, 24.05.2010, in: *nist.gov*, https://www.nist.gov/pao/questions-and-answers-about-nist-wtc-7-investigation (letzter Zugriff: 09.04.2023)

43 o.A., »Wie konnten die Türme so leicht zusammenfallen?«, 07.09.2016, in: *spiegel.de*, https://www.spiegel.de/panorama/zeitgeschichte/wie-konnten-die-tuerme-so-leicht-zusammenfallen-a-435668.html (letzter Zugriff: 09.04.2023)

44 D. Esau, »Warum das World Trade Center nicht gesprengt wurde«, 11.09.2020, in: *rp-online.de*, https://rp-online.de/panorama/humbug-verschwoerungstheorien-untersucht/11-9-verschwoerung-warum-das-world-trade-center-nicht-gesprengt-wurde_aid-53187833 (letzter Aufruf: 09.04.2023)

45 L. Grant, »The hate that will not die«, 18.12.2001, in: *The Guardian*, https://www.theguardian.com/world/2001/dec/18/september11.israel (letzter Zugriff: 09.04.2023)

46 E. Pilkington, »Ahmadinejad accuses US of ›orchestrating‹ 9/11 attacks to aid Israel«, 23.09.2010, in: *The Guardian*, https://www.theguardian.com/world/2010/sep/23/iran-unitednations (letzter Zugriff: 09.04.2023)

47 o.A., »DISINFO: THE ISRAELI MOSSAD WAS INVOLVED IN THE 9/11 ATTACKS«, 14.09.2021, in: https://euvsdisinfo.eu/report/the-israeli-mossad-was-involved-in-the-9-11-attacks (letzter Zugriff: 09.04.2023)

48 F. Rütten, N. Kruse & A. Meyer-Thoene, »Diese 9/11-Verschwörungstheorien halten sich bis heute hartnäckig«, 11.09.2021, in: *stern.de*, https://www.stern.de/politik/ausland/11--september-2001--diese-9-11-verschwoerungstheorien-halten-sich-hartnaeckig-7615012.html (letzter Zugriff: 09.04.2023)

49 o.A., »Appendix A: The Financing of the 9/11 Plot«, https://www.9-11commission.gov/staff_statements/911_TerrFin_App.pdf (letzter Zugriff: 09.04.2023)

50 A. Franck, »Kondensstreifen oder Chemtrails – werden wir manipuliert?«, 14.06.2019, in: *quarks.de*, https://www.quarks.de/umwelt/klimawandel/kondensstreifen-oder-chemtrails-werden-wir-manipuliert/ (letzter Zugriff: 09.04.2023)

51 o.A. »Bauern klagen an: Anti-Hagel-Kanone von VW soll für Dürre in Mexico verantwortlich sein«, 18.08.2018, in: *focus.de*, https://www.focus.de/finanzen/boerse/hagelabwehr-soll-fuer-duerre-verantwortlich-sein-bauern-in-mexiko-protestieren-gegen-umstrittene-hagelkanonen-des-vw-werks_id_9438202.html (letzter Zugriff: 16.05.2023)

52 J. M. Viñas, »Hagelflieger und Wolkenimpfung: Der Mensch greift ins Wetter ein!«, 08.02.2022, in: *daswetter.com*, https://www.daswetter.com/nachrichten/wissenschaft/cloud-seeding-wetter-chemtrails-beeinflussen-wettervorhersage-wolkenimpfung-hagelflieger.html (letzter Zugriff: 09.04.2023)

53 J. Temple, »What is geoengineering—and why should you care?«, 09.08.2019, in: *technologyreview.com*, https://www.technologyreview.com/2019/08/09/615/what-is-geoengineering-and-why-should-you-care-climate-change-harvard/ (letzer Zugriff: 09.04.2023)

54 C. Fröhlich, »Regen auf Knopfdruck: Wie der Mensch das Wetter manipuliert«, 06.01.2019, in: *stern.de*, https://www.stern.de/digital/technik/regen-auf-knopfdruck--wie-der-mensch-das-wetter-manipuliert-8231014.html (letzter Zugriff: 09.04.2023)

55 F. Osrainik, »US-Army: Ein Kodex für die Welt und Keime fürs Volk«, 25.12.2015, in: *telepolis.de*, https://www.telepolis.de/features/US-Army-Ein-Kodex-fuer-die-Welt-und-Keime-fuers-Volk-3376945.html (letzter Zugriff: 09.04.2023)

56 Christian Fuchs, Astrid Geisler, Christina Schmidt, Holger Stark & Martín Steinhagen, »Wie gefährlich waren die Verschwörer?«, 14.12.2022, in: *ZEIT Online*, https://www.zeit.de/gesellschaft/zeitgeschehen/2022-12/reichsbuerger-razzia-verschwoerung-waffen-schiessuebungsplatz (letzter Zugriff: 09.04.2023)

57 J. Berthoud & L. Orban, »5 Thesen der Reichsbürger im Faktencheck«, 24.07.2018, in: *br.de*, https://www.br.de/puls/themen/welt/ist-deutschland-ein-souveraener-staat-100.html (letzter Zugriff: 09.04.2023)

58 Grundgesetz für die Bundesrepublik Deutschland, Art 146, https://www.gesetze-im-internet.de/gg/art_146.html (letzter Zugriff: 16.05.2023)

59 *Online-Handelsregister*, https://www.online-handelsregister.de/handelsregisterauszug/he/Frankfurt-am-Main/HRB/51411/Bundesrepublik-Deutschland-Finanzagentur-Gesellschaft-mit-beschraenkter-Haftung

60 o.A. »Reichsbürger und Selbstverwalter – Handlungsempfehlungen für den Behördenalltag, 01.2023, in: *verfassungsschutz.de*, https://www.verfassungsschutz.de/SharedDocs/publikationen/DE/reichsbuerger-und-selbstverwalter/2023-01-reichsbuerger-und-selbstverwalter-handlungsempfehlungen-fuer-den-behoerdenalltag.html (letzter Zugriff: 09.04.2023)

61 Haftbefehl, »069«, 18.12.2015, in: *genius.com*, https://genius.com/8613708? (letzter Zugriff: 09.04.2023)

62 Kollegah, »Apokalypse«, 09.11.2016, in: *genius.com*, https://genius.com/Kollegah-apokalypse-annotated (letzter Zugriff: 09.04.2023)

63 S. Leber, »Verschwörungsmythen von Kollegah, Fler und Co.: Warum der Deutschrap so verstrahlt ist«, 19.05.2022, in: *tagesspiegel.de*, https://www.tagesspiegel.de/kultur/warum-der-deutschrap-so-verstrahlt-ist-5066665.html (letzter Zugriff: 09.04.2023)

64 A. Mock, »Was du über Verschwörungstheorien wissen solltest«, 17.06.2020, in: *quarks.de*, https://www.quarks.de/gesellschaft/psychologie/was-du-ueber-verschwoerungstheorien-wissen-solltest/ (letzter Zugriff: 16.05.2023)

65 o.A., »Leitfaden Verschwörungstheorien«, 2020, in: *conspiracytheories.eu*, https://conspiracytheories.eu/_wpx/wp-content/uploads/2020/04/COMPACT_Guide_Deutsch-2.pdf (letzter Zugriff: 09.04.2023)

Kapitel 8

1 S. Lewandowsky & S. van der Linden, »Countering misinformation and fake news through inoculation and prebunking«, 2021, in: *European Review of Social Psychology, 32*(2), S. 348–384

2 U.K.H. Ecker, S. Lewandowsky, J. Cook, et al., »The psychological drivers of misinformation belief and its resistance to correction«, 2022, in: *Nat Rev Psychol* 1, S. 13–29

Abbildungsverzeichnis

1.1 nach https://de.m.wikipedia.org/wiki/Datei:Dunning–Kruger_Effekt.svg

1.2 nach https://www.washingtonpost.com/graphics/politics/trump-claims-database/?itid=lk_interstitial_manual_9

3.1. aus meinem Emailpostfach

3.2 Screenshot von einer unseriösen Seite, weshalb ich diese hier nicht angebe, um vor Betrug zu bewahren.

3.3 nach https://www.business-punk.com/2018/07/korrelation-bizarr/

3.4 nach https://www.business-punk.com/2018/07/korrelation-bizarr/

4.1 unter Verwendung einer mit CANVA erstellten Datei des Autors, nach https://en.wikipedia.org/wiki/Wason_selection_task#/media/File:Wason_selection_task_cards.svg

4.2 unter Verwendung einer mit CANVA erstellten Datei des Autors nach https://en.wikipedia.org/wiki/Wason_selection_task#/media/File:Wason_selection_task_cards_-_drinking_variant.svg

5.1 unter Verwendung von Islam MS, Sarkar T, Khan SH, et al. COVID-19–Related Infodemic and Its Impact on Public Health: A Global Social Media Analysis. *The American Journal of Tropical Medicine and Hygiene*. 2020;103(4):1621-1629. doi:10.4269/ajtmh.20-0812 https://www.ajtmh.org/view/journals/tpmd/103/4/article-p1621.xml

5.2 nach https://www.vox.com/new-money/2016/11/16/13659840/facebook-fake-news-chart

7.1 unter Verwendung einer mit CANVA erstellten Datei des Autors

7.2. erstellt mit CANVA nach dem Experiment https://www.youtube.com/watch?v=f7UvligKPCE

7.3 nach einer Vorlage des Autors

8.1 nach QUARKS https://twitter.com/quarkswdr/status/1471362228666478592, TV: Created by misirlou from Noun Project, Icon: Created by Steve Dave from Noun Project

8.2 erstellt mit Screenshot aus https://twitter.com/naijaloveinfo/status/1640696950608523265

8.3 erstellt mit Screenshot aus https://www.tagesschau.de/ausland/g7-aussenminister-127.html

8.4 unter Verwendung einer mit CANVA erstellten Datei des Autors nach Ecker, U.K.H., Lewandowsky, S., Cook, J. *et al.* The psychological drivers of misinformation belief and its resistance to correction. *Nat Rev Psychol* 1, 13 – 29 (2022). https://doi.org/10.1038/s44159-021-00006-y

8.5 unter Verwendung einer mit CANVA erstellten Datei des Autors

»FACTFULNESS ist ein Buch, das Hoffnung macht.«

BARACK OBAMA

Die Tests des genialen Statistikers und Wissenschaftlers Hans Rosling haben es vielfach belegt: Viel zu viele Menschen haben ein völlig verzerrtes, meist allzu düsteres Bild von der Welt. Diese Sichtweise beeinflusst nicht nur ihr Denken, sondern auch ihr Handeln – und zwar nachteilig. Doch Rosling zeigt: Fakten helfen. Wenn Sie dieses Buch gelesen haben, werden Sie ein sicheres, auf Tatsachen basierendes Gerüst zum Verständnis der Welt besitzen, bessere Entscheidungen treffen können und nur noch solche Ansichten teilen und Urteile fällen, die auf soliden Fakten basieren.

Anna Rosling Rönnlund, Hans Rosling und Ola Rosling
Factfulness
Wie wir lernen, die Welt so zu sehen, wie sie wirklich ist

Aus dem Englischen von Hans-Peter Remmler, Hans Freundl und Albrecht Schreiber
Klappenbroschur
Auch als E-Book erhältlich
www.ullstein.de